0-7세,
7세까지 경험한 감정은 두뇌에 저장되어 아이의 행동과 성격을 결정한다
감정육아의 재발견

HEART TO HEART PARENTING
Copyright © 2008, 2012 Robin Grille
All rights reserved.
No part of this book may be used or reproduced in any manner whatever
without written permission except in the case of brief quotations
embodied in critical articles or reviews.
Korean Translation Copyright © 2015 by GEULDAM Publishing Company
Korean edition is published by arrangement with Robin Grille
through BC Agency, Seoul

이 책의 한국어판 저작권은 BC 에이전시를 통해 저작권자와 독점 계약한 글담에 있습니다.
신저작권법에 의해 한국 내에서 보호를 받는 저작물이므로 무단 전재와 무단 복제를 금합니다.

0-7세, 감정육아의 재발견

7세까지 경혼한 감정은 두뇌에 저장되어 아이의 행동과 성격을 결정한다

로빈 그릴 지음 | 이주혜 옮김

글담출판

┤ 머리말 ├

"아이 삶에 평생 힘이 되어 주는 양육"

부모는 아이의 인생에서 가장 중요한 사람이다. 이 사실에 때론 겁이 나기도 하지만 피해 갈 길은 없다. 지금은 널리 알려진 사실이지만, 유전자가 아이의 성격이나 인간관계에 미치는 영향력은 매우 작다. 오히려 부모와 자녀의 관계가 훨씬 더 중요한 역할을 한다. 이는 곧 부모가 아이의 삶을 긍정적으로 이끌 수 있다는 뜻이다. 그렇다면 부모 노릇이라는 경이롭고도 도전적인 여정을 해 나가는 동안 꼭 알아야 할 지혜는 무엇일까?

그동안 심리학자이자 양육 전문가로서 전 세계 수많은 부모를 만나면서 양육의 문제는 다양하지만 해결책은 모두 똑같다는 사실을 깨달았다. 부모가 행복하면서도 아이의 장기적인 성장을 도모할 수 있는 양육 조건을 발견한 것이다. 태아심리학부터 뇌과학까지 각 분야 전문가들의 아동발달 연구들은 이런 나의 발견을 확신시켜 주기에 충분했다.

당신은 자녀를 어떻게 키우고 싶은가? 배려 깊은 아이? 똑똑한 아이? 사회성 좋은 아이? 저마다 바라는 이상은 달라도, 아이에게 필요한 것은 단 하나임을 깨달았다. 바로 '감정에 주목한 양육'이다. 감정이야말로 양육의 기본이자 토대가 된다. 과학의 발달은 영유아기 특히 태아 때부터 7세까지 아이의 두뇌 성장에 대한 특별한 통찰력을 선사해 주었다. 바로 감정이 두뇌 성장을 좌우하며 아이의 자아의식, 사회성, 지능까지도 결정한다는 것이다. 감정은 일시적이라고 생각하기 쉽다. 하지만 이 시기 아이가 경험한 감정들은 두뇌에 각인되어 신경 통로 구축에 영향을 미친다. 물론 아이의 두뇌는 7세 이후에도 발달하지만 영유아기의 발달 속도는 따라갈 수 없다.

무엇보다 아이의 감정을 이해하게 되면 올바른 양육의 방향을 깨닫게 된다. 수면 교육을 해야 할지 말아야 할지, 언제부터 훈육을 시작해야 할지, 애착이 정말 제일 중요한 것인지 등 양육에 대한 혜안을 가질 수 있다.

이 책은 나의 25년간 임상경험과 과학적 발견을 근거로 '감정육아'의 중요성에 대해 집대성해 놓았다고 해도 과언이 아니다. 사실 감정육아에서 중요한 것은 아이만이 아니다. 지금까지 대부분의 양육서는 부모의 역할을 강조하며 희생을 강요하는 경향이 있다. 자연스럽게 부모는 아무리 힘들고 어려워도 묵묵히 견뎌 나야 한다고 생각하게 되었다. 하지만 아이의 행복과 부모의 행복은 복잡하게 서로 얽혀 있다. 누구나 보살핌을 받는다고 느낄 때 다른 사람을 더 잘 보살필 수 있다. 아이의 감정도 중요하지만 부모의 감정이 우선인 것이다. 특히 어린 시절 부모가 경험한 감정들은 양육에 많은 영향을 미친다. 이 말을 달리 하면 최고의 양육 지혜는 부모의 어린 시절 감정 기억에서 찾을 수 있다. 예를 들어 어린 시절 부모가 어떻게 해줬을 때 행복했는지 혹은 불행했는지를 떠올려 보면 자신의 현재 양육 방식을 이해할 수 있고, 앞으로 어떻게 해 나가야 할지 깨닫게 된다. 좋은 부모가 되려면 자신을 더 잘 알아야 한다. 부모가 자신을 알게 될수록 어린 시절 경험이 자신에게 어떤 영향을 미쳤는지 깨닫게 된다. 이는 부모를 치유하고 성장시키는 계기가 되기도 한다.

이렇듯 이 책은 부모와 아이의 감정 건강에 초점을 맞추고 있다. 운동력, 언어력, 수학처럼 신체적인 발달이나 학습 문제를 다루지 않는다. 그보다 더 강력하게 양육에 도움이 되는 것들을 제시하고자 한다. 양육에 대한 조언은 모두 약점도 가지고 있다. 방법론적으로 양육에 접근하는 것은 부모와 아이 관계에 도움이 되지 않는다. 오히려 이렇게만 하면 성공적인 양육을 할 수 있다는, 꼭 이렇게 해줘야지만 좋은 부모가 될 수 있다는 생각을 심어 주어 역효과를 낳을 뿐이다. 아이들이 바라는 부모는 인력관리 전문가가 아니다. 부모의 사랑과 교감을 바랄 뿐이다. 감정 육아의 기본은 부모와 아이의 깊은 유대를 바탕으로 한다. 이를 위해 '애착, 수면 교육, 분리, 훈육'처럼 아이의 성장발달별로 부딪히게 되는 주요 난관들을 통해 구체적인 도움을 주고자 하였다. 상황별로 부모와 아이가 느끼는 감정을 전문가가 읽어 주고, 이에 올바른 부모의 자세가 무엇인지 들려준다.

　이 책이 부디 수많은 양육법 속에서 혼란을 느끼고 있는 부모에게, 아이에게 평생 삶의 힘이 되어 줄 양육을 해주고 싶은 부모에게 많은 도움이 되길 바란다.

CONTENT

머리말 | 아이 삶에 평생 힘이 되어 주는 양육 · 4

---------- chapter 1 ----------
감정을 이해하면 양육의 해법이 보인다

지금보다 더 좋은 엄마가 되길 꿈꾸나요? · 16

양육의 시작이자 기본은 '감정'이다 · 23
과학 발달이 양육에 미친 영향 | 아이가 매순간 느끼는 감정이 두뇌를 결정한다

엄마, 당신의 감정은 안녕한가요? · 31
엄마의 양육 방식을 결정하는 것은 무엇인가?

아이는 엄마의 감정 기억을 자극한다 · 37
이야기는 잊히지만 감정은 기록되고 저장된다 | 아이는 때때로 상처를 치유해 준다

엄마의 감정을 희생해서는 안 된다 · 43
아이의 행복이 엄마의 행복은 아니다

---------- chapter 2 ----------
아이 삶을 지배하는 감정 기억의 첫 번째 시기 : 임신부터 주산기까지
엄마와 아기의 '첫인상의 법칙'

왜 어떤 아기는 유난히 예민한 걸까? · 50

초기 경험이 감정에 미치는 영향

행복한 첫 만남을 위해 알아야 하는 것들 • 56
무통 주사, 수술을 고민하고 있다면 | 출산은 꼭 고통을 동반할까?

아기는 엄마와의 첫 만남을 준비한다 • 65
캥거루 케어

아기는 엄마의 반응을 먹고 자란다 • 70
엄마, 이렇게 말을 걸어 줘라 | 엄마의 직관은 계발된다

아기는 감정을 얼마나 느끼고 있을까? • 77
정말 배냇짓일까? | 엄마와 아빠는 서로 보살펴야 한다

---
chapter 3

아이 삶을 지배하는 감정 기억의 두 번째 시기 : 18개월까지
엄마를 힘들게 하는 3종 세트
'애착, 스면 교육, 모유 수유'의 진실

유전자 vs 교육, 무엇이 더 힘이 셀까? • 84

첫 18개월, 양육의 골든타임 • 87
'애착'이란 글이 부담스러운 엄마에게 | 애착의 탄생 | 직장맘의 애착 육아

어디까지가 애착이고, 어디부터가 응석일까? • 96

아기를 '입고' 다녀라 | 아기의 울음에 현명하게 대처하는 법 | 감정의 핵심 영양소 | 훈육은 언제 시작해야 할까?

잘 자는 아기를 위한 수면 교육 · 105
아기와 함께 자도 안전할까? | 모유는 천연 수면제이다

잘 먹는 아기를 위한 모유 수유 · 114
모유 수유가 어려워지는 이유

엄마이기 때문에 당연한 감정들 · 119
육아는 신속 서비스가 아니다 | 때때로 나에게 의지하는 아기에게 짜증이 난다면 | 부모의 인권 선언 | 아기가 주는 선물

3세 미만의 아이를 보육 시설에 맡기려 한다면 · 132

---

chapter 4

아이 삶을 지배하는 감정 기억의 세 번째 시기 : 19개월부터 7세까지
폭풍 성장기, 아이의 감정까지 양육해야 한다

세상에 출격하는 아이에게 필요한 능력 · 138
아이가 엄마를 알아가는 시기

아이에게 놀이란 배움의 또 다른 말 · 143
텔레비전-놀이의 파괴자 | 놀이는 치유이다 | 어린 시절 놀이 기억을 활용하라 | 놀이처럼 즐겁게 시작하는 책 읽기

건강한 분리의 시작 · 151

어린이집에 보내는 첫날 | 다른 사람에게 아이를 맡겨도 괜찮을까?

아이가 미운 청개구리가 된 것을 기뻐하라 · 157
부모의 어려움 | 왜 아이는 고집이 셀까?

엄마의 감정보다 큰 가르침은 없다 · 163
일부러 부모를 자극하는 아이들

감정도 학습이 필요하다 · 167
아이의 '화'를 받아들이기 힘들다 | 아이가 떼를 쓸 때 도움이 되는 태도

―――― chapter 5 ――――
잘못된 훈육은 아이를 작아지게 만든다

훈육의 흔한 함정 · 178

어디까지가 '사랑의 매'일까? · 182

수치심은 아이의 가능성을 앗아간다 · 189
수치심의 결말 | 칭찬이 답일까?

부모는 종종 아이에게 보답을 바란다 · 198

칭찬과 보상의 진실 · 200

외적 보상과 내적 보상 · 206
아이에게 필요한 진정한 보상

___ chapter **6** ___
아이와 소통하는 엄마의 대화법

왜 아이들은 부모의 말을 듣지 않을까? • 214

당신은 듣고 있지 않다 • 217
이런 것은 듣기가 아니다 | 감정 이입 차단

잘 듣기 위해서는 먼저 아이를 믿어야 한다 • 224
충동을 이겨 낼 때 잘 들어줄 수 있다 | 듣기를 가로막는 내면의 장벽 | 상처가 모두 해로운 것은 아니다

이유를 몰라도 힘이 되어 줄 수 있다 • 231

부모의 말에 힘이 실리다 • 235

아이와의 대화에서 중요한 것 • 239
나-전달법 | 칭찬에도 적절한 대화법이 있다

훈육의 기준을 세울 때 • 247
집안의 규칙을 세울 때 | 일관성이 중요하다는 전문가들에게

잘못을 어떻게 일깨워 줘야 할까? • 253

— chapter 7 —
부모도 양육이 필요하다

양육은 현재 진행형인 성장 여행이다 • 258
여정에는 부부만 있어서는 안 된다

함께하는 양육, 어떻게 할 수 있을까? • 262

chapter
1

감정을 이해하면
양육의 해법이 보인다

엄마들은 양육을 공부한다.
어떻게 하면 아이를 보다 잘 키울 수 있을지,
아이와의 갈등은 어떻게 풀어 나가야 하는지,
무엇을 먹이고, 무슨 교육을 시켜야 하는지,
책을 찾고 전문가들을 만나러 다닌다.
사실 양육의 모든 문제는
엄마와 아이의 어긋난 '감정'에서 비롯되며,
아이의 삶에 결정적 역할을 하는 것 또한 '감정'이다.
따라서 양육은 '감정'에서 시작해야 한다.

지금보다 더
좋은 엄마가 되길 꿈꾸나요?

　양육에는 정답이 없다고 말한다. 아이의 성향은 물론이거니와 아이를 키우는 부모의 성향, 사고방식, 환경 등도 저마다 다르기 때문에 언제나 옳고 훌륭한 양육 방식이란 있을 수 없다는 것이다.

　그런데 만약 누군가가(물론 그 사람은 굉장히 유명한 양육 전문가이다.) 자신의 양육 방식을 평가한다면 기분이 어떨까? 아마도 아무리 유순한 성격의 엄마라도 이런 상황에 놓이게 되면 굉장히 예민하게 반응할 것이다. 엄마들은 자신의 양육 방식에 누군가 개입하거나 평가하는 걸 달가워하지 않는다. 그러면서도 한편으로는 아이를 위해 무엇을 해줘야 하는지 배우고 싶어하며 전문가처럼 완벽하게 아이를 키우기를 꿈꾼다.

　이처럼 엄마들은 완벽한 양육이란 없다는 사실을 알고 있으면서도 좋은 엄마, 완벽한 엄마가 되기 위해 노력하고 스스로를 채찍질한다. 이 생각 저변에는 엄마라면 아이를 잘 키워야 하며 응당 아이를 키우는 법에 대해서도 잘 알고 있어야 한다는 고정관념이 깔려 있다.

대체 이 생각은 어디에서 나오는 걸까? 삶에 필요한 다른 기술들에 대해서는 그렇지 않다. 면허를 땄다 하더라도 운전 실력이 금방 늘지 않는다는 것은 누구나 인지하고 있다. 그래서 도로 주행 기술을 향상시키기 위해 자연스럽게 연습 시간을 가진다. 한 분야를 오래 연구한 학자들도 마찬가지이다. 관련 기술과 지식을 쌓은 전문가일수록 자기 분야에서 평생 배워야 한다는 것을 잘 알고 있다. 기술이 뛰어난 정원사도 많이 배울수록 정원에서 더 큰 기쁨을 느끼며, 훌륭한 기량을 뽐내는 운동 선수들도 꾸준한 연습과 훈련이 필요하다는 것을 인정한다. 그런데 유독 양육에서만은 미숙하고 서툰 시기와 시행착오를 받아들이기 어려워한다. 때로 주변 지인의 충고나 조언이 스트레스가 되는 이유이기도 하다. "자기 아이나 잘 키울 것이지." "내 아이를 어떻게 키울지는 내가 제일 잘 알아요." 하는 심리 한편에는 '내가 아이를 잘 키우고 있는 걸까?' 하는 두려움이 깔려 있다. 혹시라도 자신의 양육 방식이 잘못된 것이 아닐까 하는 불안감을 갖고 있는 것이다. 아이와의 관계에서 어려움을 마주할 때마다 극도의 당혹감을 느끼게 되는 것도 이 때문이다.

많은 엄마가 아이와의 관계에서 어려움에 직면할 때마다 아이를 탓하거나 자신을 탓한다. '내 아이가 너무 예민한가?' '내가 너무 아이를 엄하게 키우나?' 하는 식의 크고 작은 생각들은, 어느 쪽을 탓하든 상처를 줄 뿐 누구에게도 도움이 되지 않는다.

엄마로서 자신에게 부여하는 기대치(혹은 사회 인식이나 주변에서 거는 기

많은 엄마가 아이와의 관계에서 어려움에 직면할 때마다
아이를 탓하거나 자신을 탓한다.
'내 아이가 너무 예민한가?'
'내가 너무 아이를 엄하게 키우나?' 하는 식의 크고 작은 생각들은,
어느 쪽을 탓하든 상처를 줄 뿐
누구에게도 도움이 되지 않는다.

대치)는 비현실적이고 불합리하다. 완벽한 엄마란 사실상 불가능하기 때문이다. 그동안 여러 부모와 가족을 만나 상담해 오면서 나는 부모들이 이런 강박 관념에 시달리는 것을 보고 많이 놀랐다.

완벽한 엄마가 되고 싶은 욕망이 클수록 남에게 도움을 요청하거나 아쉬운 소리를 하기 어렵다. 자칫 도움이 필요하다고 인정하는 것을 실패를 선언하는 것처럼 여기기도 하는데, 이 두 가지를 절대로 동일시해서는 안 된다. 누구나 처음 엄마가 되며 아무리 노력해도 언제나 모든 것을 알고 있을 수는 없다. 양육의 어려움을 숨긴다면 어떻게 필요한 도움을 받을 수 있겠는가. 특히 엄마들은 아이의 잘못된 행동 때문에 형편없는 부모라는 평판을 받을까 봐 두려워한다. 주변의 그런 시선은 양육 주체인 엄마를 움츠러들게 만들 뿐 아이를 양육을 하는 데에는 아무런 도움이 되지 않는다. 이때 엄마가 느끼는 수치심과 죄책감은 비현실적인 기대치 때문에 생긴 결과에 지나지 않는다.

흔히들 말하는 '좋은 엄마', '나쁜 엄마'라는 정의는 일종의 신화이다. 그것도 매우 파괴적인 신화이다. 이런 식의 비교는 엄마에게 엄청난 압박감을 줄 뿐이다. "엄마는 이러이러 해야 해." 하고 세상에서 주입시키는 혹은 스스로 만들어 놓은 엄마상에 자신을 맞추려고 하지 마라. "다른 집 엄마는 회사까지 다니면서도 아이를 잘만 키우는데." 하는 식의 주변의 소리에 죄책감을 느끼고 작아질 이유는 없다.

스스로 혹은 누군가가 만들어 놓은 기준에 벗어나면 안 되는 것처럼 강박을 가질 필요는 없다. 아무리 즐거운 일도 누군가의 감시를 받으며 부정적인 평가받는다면 금세 본래의 즐거움을 잃고 지칠 수밖에 없다. 양육의 즐거움과 의지를 잃기 전에 주변 사람들과 적극 고민을 나누고 의논해야 한다.

몇 년 전 산후우울증 진단을 받은 질이 상담을 위해 나를 찾아왔다.

세 살짜리 아이와 이제 막 9개월 된 아이를 키우고 있는 질은 하루 대부분을 집 안에서 아이들과 보냈다. 부모와 형제는 모두 멀리 떨어진 타지에서 살았고, 아이들과 남편만이 유일한 가족이었다. 질에게는 매우 친한 친구가 둘 있었지만 다들 바빠서 자주 만나지 못했다. 그녀가 도움을 구할 수 있는 유일한 대상은 남편뿐이었다. 아이들을 키우면서 엄청난 기쁨을 느끼기도 하였지만, 때때로 부담감에 숨이 막혀 왔다. 어느 날 그녀는 이런 심정을 남편과 주변 사람들에게 털어놓았다. 그러자 "다들 그렇게 사는 거지 뭐. 힘내." "예쁜 두 아이와 사랑하는 남편이 있고, 이렇게 좋은 집에서 살면서. 오히려 나는 네가 부럽다."라는 반응이 돌아올 뿐이었다.

당연히 질의 우울증은 더욱 심해졌다. 그녀는 이제 지치고 외로웠다. 육아에서 기쁨을 느끼지 못하는 자신이 나쁜 엄마라고만 느껴졌다.

질처럼 온종일 아이하고만 보내는 경우에는 우울증에 빠지기 쉽다. 작은 일에도 아이에게 버럭 화를 내게 되고 이때마다 극심한 죄책감에 휩싸이게 된다. 이는 꼭 집 안에 있기 때문만은 아니다. 철저히 정신적·육체적 도움에서 단절되어 있어서이다. 양육은 엄마만의 일이 아니며 부부만의 문제도 아니다. 주변 모두가 함께해야 하는 일이다.

양육의 울타리 안에서 홀로 고립되기 쉬운 엄마들에게 과연 어떤 도움이 필요할까?

실천적인 도움

친구나 가족이 요리나 쇼핑을 대신 해주거나 잠시 아이를 돌봐 주어 엄마에게 휴식 시간을 줘야 한다.

감정적인 도움

아이를 키우다 보면 좌절감, 분노, 애정, 기쁨, 두려움, 웃음, 슬픔, 비탄, 슬픔 등 온갖 감정에 휩싸이게 된다. 엄마들은 지치고 힘들 때 기대어 울 수 있는 어깨가 필요하다. 누군가 자신의 감정에 귀를 기울여 주고, 현재의 기분에 관심을 가져 주기를 바란다. 또 누군가와 기쁨을 나누기를 바란다.

양육은 때로 고통과 좌절감을 안겨 주기도 하지만, 동시에 그동안 상상도 하지 못했던 경이롭고 새로운 감정들을 안겨 주기도 한다. 일정한 기본 조건만 충족된다면 양육은 얼마든지 즐겁고 행복해질 수 있으며 마땅히 그래야 한다. 그 기본 조건이란 다음과 같다.

- 지지가 되는 배우자, 친구, 가족, 공동체와의 긴밀한 교류
- 나 자신에 대한 이해(자기애, 자기 존중, 자신의 감정과 요구를 정확하게 인

지하기)
- 감정 이입을 바탕으로 한 아이와의 깊은 교감

정보적인 도움

아이들이 어떻게 성장하는지, 각 성장 단계마다 유의해야 할 발달 지표는 무엇인지, 변화하는 아이들의 감정적·신체적 요구를 어떻게 해결해 줘야 하는지 많이 알수록 더 큰 성장을 이끌어 줄 수 있다.

양육의 시작이자 기본은 '감정'이다

엄마는 자연적으로 아이를 보호하고 보살펴야 한다는 본능을 가지고 있다. 그렇다고 해서 아이가 태어나자마자 어떻게 키워야 하는지 모든 것을 정확히 알고 있다는 말은 아니다. 누구나 스스로를 보호하려는 방어 본능을 가지고 태어나지만 그렇다고 모든 사람이 싸움을 잘하는 것은 아닌 것처럼 말이다. 양육에 관해서라면 누구나 배워 나가야 한다. 그렇다면 양육 전문가란 누구를 말하는 걸까? 사실 그런 건 없다. 이 세상 누구도 양육에 관해서는 전문가일 수 없다.

사람은 흔히 교류를 통해 부모가 되는 법을 배운다. 즉 다른 사람에게서 그 방법을 배우는 것이다. 심지어 엄마가 아이에게 젖을 물리는, 가장 원초적인 행동인 모유 수유조차도 본보기를 보고 배워야 하며 세심한 지도가 없으면 실패하기 쉽다. 엄마들은 이미 경이로운 양육 에너지를 갖고 있지만, 이 에너지를 어떻게 이용해야 하는지에 더해서는 이미 먼저 경험한 선배와 또래로부터 배워야 한다. 많은 이가 자신의 부모와 상당히 유사한 방법으로 자녀를 기르고 나라마다 양육 방식이 다른 것도 이 때문이다.

과학 발달이 양육에 미친 영향

부모나 가까운 공동체에서 양육법을 배운다면 많은 것을 얻을 수야 있겠지만, 비교적 한정된 양육법만을 익히게 될 것이다. 즉 보고 경험한 것들에 한정된다.

과학의 발달은 이러한 한정된 양육법에 혁신을 불러일으켰다. 아동발달 전문가를 발달심리학자라고 부르는데, 발달심리학자들은 아이 성장에 가장 효과적인 것이 무엇인지 찾는다. 즉 어떻게 해야 사랑스럽고 행복한 아이로, 따뜻하고 배려심이 많은 아이로, 나아가 학습에 대한 흥미와 집중력이 높은 아이로 키울 수 있는지를 연구한다.

발달심리학자들은 전 세계 수많은 아이에게 어떤 일이 일어나는지 세밀하게 계통적으로 관찰한다. 그리고 수천 건의 연구에서 나온 정보들을 취합해 더 많은 사람에게 도움을 줄 수 있는 발견들을 공개한다. 그렇게 소아과 의사, 면역학자, 심리학자, 신경학자, 유전학자, 생물학자, 문화인류학자, 심리역사학자 등의 과학자들은 오늘날 발달한 의사소통 수단의 도움을 받아 모든 문화권에서 통용될 수 있는 역사상 검증된 발견을 부모에게 건넨다. 이는 경험이 많은 수백만 명의 할머니 할아버지에게 조언을 구해 평균적인 답을 추출해 내는 것과 같다.

따라서 과학은 부모에게 귀중한 원천이 된다. 과학의 발달이 거듭되면서 과학자들은 아이 두뇌 발달에 대해서도 특별한 통찰력을 지니게 되었다. 특히 뇌과학이 발달하면서 감정이 아이의 성장에 어떠한 영향을 미치는지 등 아이의 감성지능에 대한 비밀들이 전부 밝혀지고 있다.

물론 과학이 양육에 절대적일 수는 없지만, 적어도 부모가 내린 선택에 확신을 보태 줄 수 있다. 이때 무조건적인 맹신과 추종은 주의해야 한다. 상반된 이론들도 있기 때문이다. 어떤 전문가는 아기를 흔들어 재우면 지나치게 의존적으로 만들 수 있다고 경고하며 아기 스스로 잠들 수 있도록 가르쳐야 한다고 강조한다. 반면 아기는 부모와 함께 재우는 게 좋다며 정반대되는 주장을 펼치는 전문가도 있다.

그러므로 부모는 과학적 방법과 자신의 믿음 사이에서 균형을 찾을 수 있어야 한다. 부모라면 누구나 마음속에 지혜의 샘이 있다. 양육 본능이 바로 그 원천이라고 할 수 있다. 따라서 이 내면의 지혜, 즉 마음의 소리에 귀를 기울여 이를 바탕으로 과학적 정보를 잘 활용해야 한다.

아이가 매순간 느끼는 감정이 두뇌를 결정한다

최근 인간의 두뇌에 관해 많은 사실이 밝혀지면서, 엄마와의 관계가

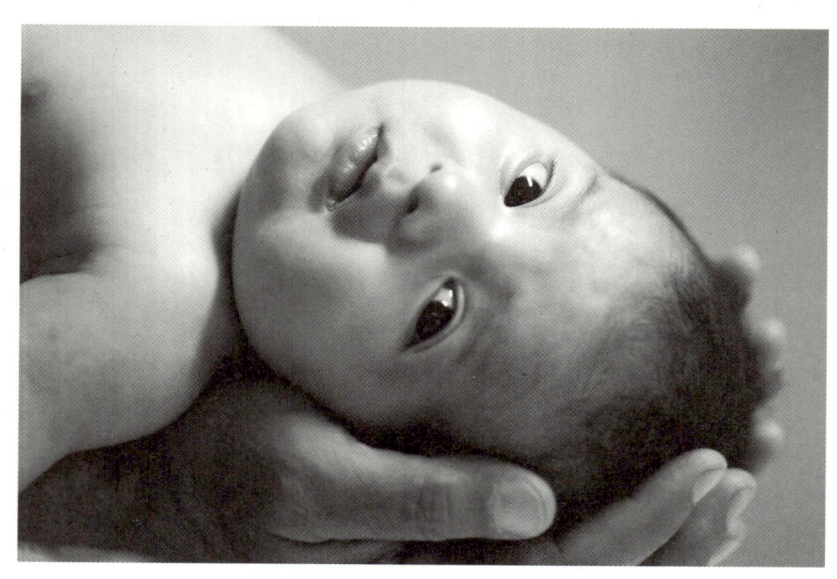

―――― 아이가 태어난 이후 경험한 감정과
사람들이 보여 준 태도와 행동들은
빠른 속도로 성장하는 아이의 두뇌에 말 그대로 '설치'가 된다.
개인의 성격적 특성이 쉽게 바뀌지 않는 것은 이 때문이다.
이처럼 감성지능은 영유아기에 본격적으로 형성되기 시작해
세상(사람)과의 관계에 대한 각인을 남긴다.

아이의 두뇌 성장에 어떤 영향을 미치는지도 알게 되었다. 그중 하나가 아이의 성격에 관한 것이다. 아이의 성격은 두뇌에 새로운 신경 통로가 발달하면서 형성된다. 자신을 둘러싼 관계에 순응하고자 노력한 결과라고 할 수 있다.

예를 들어 사람들의 관심을 충분히 받지 못해 외로움을 느낀 아이의 두뇌는 결핍을 보완하기 위해 다른 사람의 관심을 끄는 데 집착하게 된다. 반면 어떤 아이는 관계에서 오는 소외감과 실망감으로부터 자신을 보호하기 위해 내성적이고 무심한 성격으로 두뇌가 발달하기도 한다. 또 어려서부터 많은 벌을 받고 수치심을 느끼며 자란 아이의 두뇌는 방어적이고 적대적으로 발달할 수 있다. 세상의 우호적인 면을 느껴 본 적이 없기 때문에 이 세상으로부터 자신을 보호하기 위해서는 스스로 강해져야 한다고 생각하기 쉽다.

아이가 태어난 이후 경험한 감정과 사람들이 보여 준 태도와 행동들은 빠른 속도로 성장하는 아이의 두뇌에 말 그대로 '설치'가 된다. 개인의 성격적 특성이 쉽게 바뀌지 않는 것은 이 때문이다. 이처럼 감성지능은 영유아기에 본격적으로 형성되기 시작해 세상(사람)과의 관계에 대한 각인을 남긴다. 물론 아이가 자라면서 두뇌 역시 지속적으로 발달하지만, 영유아기는 두뇌와 중추신경계가 가장 빠른 속도로 성장하므로 그 시절 인간관계의 경험은 감정 구조에 가장 크고 지속적인 영향을 미친다. 엄마가 아이의 감정에 어떻게 반응하느냐에 따라 자아의식과 사회성이 달라지는 것이다.

따라서 영유아기는 아이의 감정 건강을 평생 지켜 줄 가장 좋은 기회가 된다. 성인기 두뇌는 훨씬 느리게 발달하기 때문에 어린 시절 형성된 특성을 바꾸는 것은 매우 어렵다. 감정 건강은 아이가 자신의 목표를 추구하고 사랑이 깃든 관계를 형성하는 필수 조건이다. 아이의 감정적 요구가 무엇인지 정확히 이해하는 것은 엄마에게도 큰 도움이 된다.

| 더 알아보는 과학육아 |

7세까지 감정의 토대가 완성된다

아기의 두뇌 용량은 성인의 겨우 4분의 1에 불과하며 세 돌이 지나서야 성인의 90퍼센트에 도달한다. 이때까지 두뇌의 감정중추가 어떻게 발달하는가는 양육자와의 관계가 좌우한다. 특히 아이의 감정 구조의 기본 토대는 첫 7년 동안 형성되는데, 이 시기는 두뇌가 가장 빨리 성장하는 때이다. 생후 6개월이 되면 아이의 감정적 요구를 어떻게 충족시켜 주었느냐에 따라 스트레스 반응 수준이 결정된다. 그리고 이는 마치 온도 조절 장치처럼 두뇌에 설정되어 아이가 스트레스 상황에 대처하는 방식에 평생 영향을 미친다. 이 초기 몇 년간의 경험이 일생을 좌우하는 것이다.

엄마 배 속에 있을 때부터 성장해 온 아기의 두뇌는 영유아기 내내 폭발적인 성장을 보인다. 특히 두뇌 성장은 경험에 의존한다. 다양한 관계에서 아이가 느낀 감정을 두뇌가 감지하고 이를 바탕으로 성장 방식을 결정하는 것이다.

감정적으로 삭막하고 차가운 환경에서 자란 아이와 넘치는 사랑과 관심 속에서 자란 아이의 두뇌는 매우 다르게 성장할 것이다. 사랑하고 사랑받는 능력뿐 아니라 자부심과 자존감 역시 감정 경험에서 얻게 된다. 이렇듯 초기에 아이가 사람들과 맺는 관계는 두뇌의 감정중추에 새겨지면서 특정 성격을 형성하는 데 이바지한다.

그렇다고 하여 영유아기만이 중요하다는 의미는 아니다. 영유아기 이후에도 아이는 끊임없이 성장한다. 특히 청소년기는 두뇌 성장이 두 번째로 급변하는 시기로, 또 한 번 변화의 한복판에 서게 된다. 그러나 그 성장 속도가 느리기 때문에 영유아기야말로 감정 건강의 기본 토대를 가장 효과적으로 쌓을 수 있는 시기이다. 따라서 이때 긍정적인 관계를 바탕으로 아이의 감정 토대를 형성해 준다면 사춘기 역시 큰 어려움 없이 이겨 낼 수 있다.

아이의 감정 발달을 위해서는 주 양육자인 엄마의 감정 역시 대단히 중요하다. 다시 말해 아이의 감정 발달을 돌보는 동시에 엄마 자신의 감정에 대해서도 마음의 문을 열고 배워 나가야 함께 성장할 수 있다. 가장 깊은 성취감과 기쁨은 엄마와 아이가 함께 성장하는 양육에서 찾을 수 있다. 아이는 엄마가 보호해 줘야 할 대상이지만, 때로는 엄마에게 존재

자체로 가장 심오한 스승이 되기도 한다. 엄마가 의식적으로 아이와 함께 성장할 때 양육은 변화와 치유의 여정이 되어 엄마에게 새로운 발견의 시간을 선사할 것이다.

| 더 알아보는 과학육아 |

사랑의 기억이 스트레스로부터 아이를 지켜 준다

부모가 정성스레 보살펴 주었을 때 아이가 느꼈던 안정감과 사랑은 성인이 되어서도 감정 기억으로 남아 있다. 이 안정감과 사랑의 감정 기억은 스트레스로부터 아이를 강력하게 지켜 준다. 트라우마 상담사들은 일찍부터 부모와 친밀하고 따뜻한 관계를 유지해 온 사람들이 힘든 사건에 더 잘 대처할 뿐 아니라 외상 후 스트레스 장애를 겪을 가능성도 더 적다는 것을 발견했다.

엄마, 당신의 감정은 안녕한가요?

지금까지 아이의 감정 경험이 중요하다는 이야기를 해왔다. 특히 엄마와의 관계에서 경험하는 감정들은 아이에게 막대한 영향을 미친다. 아이와의 관계가 중요한 이유는 이뿐만이 아니다. 아이를 키우다 보면 뜻하지 않게 아이에게 상처를 주게 되는 경우도 있는데 이것만큼 엄마에게 큰 고통은 없으리라. 엄마도 배우는 중이기 때문에 실수는 피할 수 없다. 물론 엄마가 아닌 다른 곳에서 상처를 받을 수도 있다. 하지만 이러한 감정적인 상처는 치유할 수 있다. 아이와 진정한 소통을 이루고 있다면, 아이의 감정을 세심하게 살펴 주고 진심으로 대한다면 얼마든지 치유가 가능하다.

아이는 끊임없이 엄마와의 교감을 갈망하고, 엄마와의 교감은 아이의 감정을 발달시키는 자양분이 되어 준다. 이는 아이의 감정에 얼마나 관심을 기울이고 민감하게 반응해 주었는가에 의존한다. 또 아이와 함께할 때 얼마나 많은 사랑과 온기를 전달했느냐에 영향을 받는다. 그저 아이 옆에 함께 있어 주는 것만으로는 부족하다.

이러한 엄마와 아이와의 관계는 아이가 자라면서 확장된다. 아이는 엄마 역시 감정을 지니고 있으며 한계와 요구를 갖고 있음을 인식하면서 성장하기 시작한다. 그리고 엄마를 자신과 다른 인격체를 지닌 한 사람으로서 인식하면서부터 엄마와 진정한 관계를 맺게 된다.

이와 동시에 아이는 자기 자신과도 관계를 형성해 나간다. 주변 세계를 탐험하고 자신의 감정과 고유한 본성을 마음껏 표현하고 싶어한다. 즐겁고, 때로는 짜릿하기도 한 자기 발견의 모험은 엄마의 관심 속에서 조금씩 발전하고 독립적으로 성취된다.

아이와 안정되고 풍요로운 관계를 만들어 나가기 위해서는 엄마가 먼저 자신의 감정을 온전히 이해하고 자신과 긍정적 관계를 맺고 있어야 한다. 아이와 맺는 관계의 질과 깊이는 엄마 자신과의 관계에서 비롯된다. 우선 자신의 내면에 깃든 '사랑의 본능'을 찾는 것에서 시작해야 한다. 엄마는 생각보다 양육에 관한 지혜를 많이 가지고 있다. 단지 어디에 있는지 찾아내기만 하면 된다. 또 아이와 진정한 관계를 맺기 위해서는 엄마 자신이 진짜 원하는 것이 무엇인지 알아내어 충족시킬 수 있어야 한다. 다른 사람을 돌보려면 자신부터 돌봐야 한다는 뜻이다.

이 두 가지 기본 조건이 충족될 때 아이와 즐겁고 행복한 관계를 만들어 나갈 수 있다. 이상하게 들리겠지만, 이런 엄마는 그 존재만으로도 아이에게 자양분이 될 수 있다. 그저 아이 옆에 있어 주기만 해도 아이가 무럭무럭 자랄 수 있는 에너지를 내뿜는다.

　엄마가 자신에 대해 잘 알고 아이와 정서적으로 가까이 지낼수록 주변 지인이나 전문가의 조언이 아닌 자신의 판단을 믿고 양육 방식을 결정할 수 있다.

엄마의 양육 방식을 결정하는 것은 무엇인가?

　엄마마다 아이를 대하는 방식이 다르다. 어떤 엄마는 하고 싶은 대로 마음껏 하게 하는가 하면, 어떤 엄마는 엄격하게 아이의 행동을 제어한다. 아이의 행동에 대한 반응 역시 어떤 엄마는 대단히 적극적인가 하면 어떤 엄마는 소극적이다. 이렇게 광범위한 개인차는 단지 성격의 문제만은 아니다.

　엄마의 양육 방식에 영향을 미치는 요소는 많다. 그중 하나가 정보이다. 책이나 양육 전문가의 조언 혹은 사회적인 관습이나 종교적인 믿음도 양육 방식에 영향을 미친다. 그러나 그 무엇보다 강력한 영향력을 행사하는 것은 어린 시절 부모님과의 기억이다. 어린 시절 경험이 자신과 자신의 감정 구조에 어떤 영향을 미쳤는지 이해하게 된다면, 양육 방식을 선택할 때 유용한 통찰력을 얻을 수 있고, 이로 인해 자신과 아이를 더욱 잘 이해할 수 있게 된다.

　어렸을 때의 경험은 비록 기억조차 나지 않을지라도 엄마에게 영향을 준다. 현재 자신이 하는 행동이나 생각들은 의식적이든 무의식적이든 어린 시절의 기억에 영향을 받는다. 예를 들면 어린 시절 부모님이 자신에게 했던 말투와 어휘를 사용하거나 행동을 보이곤 한다.

다음 예를 살펴보면 무슨 말인지 더욱 이해가 될 것이다.

아이들이 초등학교에 들어가자 헤더는 갑자기 아이들에게 간식으로 쿠키를 구워 주고 싶어졌다. 평소와는 다른 강렬한 충동에 그녀는 오랫동안 잊고 있었던 무언가를 기억해 냈다. 어렸을 때 학교에서 돌아오면 어머니가 늘 그녀에게 쿠키를 구워 주었고, 당시의 경험이 그녀의 마음을 풍성하게 가꾸어 주었다는 것을 말이다.

조녀선은 평소 아들이 스스로 뭔가를 만들거나 고칠 수 있기를 바라는 마음에 연장 사용법을 가르쳐 주곤 했다. 이때마다 몹시 즐거웠던 그는 어린 시절 아버지의 작업장에서 서투른 솜씨로 뭔가를 만들며 보낸 시간을 아주 좋아했던 기억이 떠올랐다.

어린 시절 추억이라고 모두 행복한 것은 아니다. 아이에게 무엇을 해 주고 싶은지 늘 알려 주는 것도 아니다. 어떤 기억은 차라리 하지 않는 편이 낫기도 하다. 다음은 어린 시절 부정적인 감정 기억이 양육을 방해한 사례이다.

제니는 다섯 살 된 딸 헬레나를 절대 혼내지 않는다. 헬레나는 그런 엄마에게 버릇없이 굴기도 하고 심지어 가끔 폭력을 휘두르기도 한다. 하지만 이런 순간에도 제니는 헬레나를 따끔하게 혼내거나 화를 내지 못했다. 그녀는 헬레나를 금방이라도 깨질 듯한 유리처럼 대했다. 그녀의 부모님은 늘 그녀에게 고함을 지르고 벌을 주었는데, 그때마다 그녀는 공포심과 수치심을 느꼈다. 이런 고통스러운 기억 탓에 그녀는 헬레나의 행동을 제지하거나 혼을 내지 못하고 있었다. 하지만 이런 그녀의 행동은 자신에게나 헬레나에게나 해가 되고 있었다.

엄마가 된 클로디는 이유 모를 극심한 피로감에 점점 야위어 갔다. "아기한테는 모유가 제일이야." "엄마가 아이를 잘 보살펴 줘야지." 이런 이야기를 들을 때마다 그녀는 숨이 턱턱 막히는 기분이었다. 그녀의 어머니는 그녀를 사랑으로 보살펴 주었지만 육체적인 친밀감을 느낀 적은 없었다. 어머니는 항상 냉철했고, 우는 그녀를 달래 준 적이 없었다. 자신이 받았던 것보다 훨씬 더 많은 것을 줘야 한다는 부담감이 그녀도 모르는 사이 육아 스트레스로 작용하고 있었다.

아이였을 때 어떤 기분이었는지 기억할 수 있다면 불쾌했던 경험을 아이에게 그대로 반복하기보다 새로운 선택을 할 수 있다. 아이를 키우며 겪는 문제 중 상당수는 감정 기억의 측면에서 살펴보면 쉽게 해결책이 찾아지곤 한다. 더욱이 어렸을 때의 기분을 정확하게 기억할수록(기쁨, 두려움, 좌절, 상처) 아이의 감정을 더 잘 이해하고 공감할 수 있다.

이때 무슨 일이 언제 어떻게 일어났는지 정확하게 기억하는 것은 중요하지 않다. 정말로 중요한 것은 어린 시절 느낀 감정을 기억하는 것이다. 아이와의 진정한 유대감은 엄마의 감정 기억에 달렸다. 아이는 엄마의 부재를 감지하는 것만큼이나 엄마가 얼마나 나를 이해하고 있는지도 감지해 낸다.

'내면의 아이'를 꼭꼭 숨겨 온 사람은 아이의 감정을 이해하기 어렵다. 이들은 어린 시절의 경험을 떠올릴 수는 있어도 그때 어떤 감정을 느꼈는지에 대해서는 냉담하다. 자신에게 감정적으로 냉담한 사람은 아이에게도 무심하게 행동할 수 있다.

그렇다고 어린 시절 경험하지 않은 방식으로는 절대 행동할 수 없다는 말은 아니다. 받지 못한 것은 절대로 줄 수 없다는 말도 아니다. 다만 받지 못한 것을 아이에게 해줘야 한다는 생각이 자신에게 가혹하게 느껴질 수 있음을 이해해야 한다. 받지 못한 것을 주길 어려워하는 게 잘못은 아니다.

아이는 엄마의 감정 기억을 자극한다

　아이는 엄마의 어린 시절 기억을 강력하게 자극한다. 아이와 가까워질수록 엄마의 어린 시절 감정들이 되살아난다.
　이런 일은 정확히 어떻게 일어나는 걸까? 아이가 항상 엄마의 묻어 둔 기억을 뚜렷하게 떠올려 주는 것은 아니다. 아이가 불을 지피는 기억은 주로 '감정 기억'이다. 다시 말해 오래전, 아이였을 때 느꼈던 감정을 불러일으킨다. 그리고 이러한 감정 기억은 엄마의 행동과 선택을 결정짓기도 한다. 이것은 양육에 도움이 될 수도 있지만 의도하지 않은 결과를 불러오거나 방해가 될 수도 있다. 따라서 엄마는 자신의 감정 기억에 관심을 기울이고, 어린 시절이 자신에게 감정적으로 어떤 영향을 미쳤는지 충분히 이해해야 한다.
　어린 시절의 행복하고 즐거웠던 기억은 양육 에너지가 되어 준다. 어린 시절 잘 때마다 들었던 어머니의 자장가를 떠올리며 아이에게 자장가를 불러 주는 엄마도 있을 것이고, 아버지에게 배웠던 대로 아들에게 축구공 차는 법을 가르쳐 주는 아빠도 있을 것이다. 부모가 되면 어린 시절 받았던 행복감을 아이에게도 물려주고 싶어진다. 자신들이 한때 알고 있던 행복감을 내 아이가 고스란히 느끼는 모습을 지켜보면서 부모는 행복감에 젖어든다. 이는 고스란히 양육의 기쁨이 된다.

나아가 어린 시절의 감정 기억은 양육의 힌트가 되어 준다. 어린 시절 무엇을 원하고 싫어했는지를 떠올려 주기 때문이다. 부모는 행복한 감정 기억에서든 아픈 감정 기억에서든 양육에 도움을 받을 수 있다. 감정 기억은 아이의 내면 세계를 깊이 이해하고, 강렬하고 거침없는 아이의 감정을 파악할 수 있게 도와준다. 무분별하게 쏟아지는 양육 정보들을 가려내는 눈을 길러 준다.

이처럼 어린 시절의 감정 기억은 양육에 많은 영향을 미친다. 아이가 불러일으킨 어린 시절의 감정 기억을 떠올릴수록 더 많은 지혜를 얻고, 아이와 더 가까워질 수 있다. 오늘날 많은 엄마가 아이의 감정에 신경을 쓰느라 쉽게 놓치고 있지만, 사실 가장 중요한 양육의 기본은 바로 엄마의 감정 기억이다.

이야기는 잊히지만 감정은 기록되고 저장된다

지금쯤 이런 생각을 하고 있는 부모도 있을 것이다. '이 이야기들이 대

체 나하고 무슨 상관이지? 난 아홉 살 때 기억도 떠오르지 않는걸.'

사람들에게 가장 이른 기억을 물어보면 대부분 두세 살 때라고 대답한다. 그도 그럴 것이 사건 순서를 기억하고 조직하는 두뇌 부위가 두세 살 무렵까지는 성숙하지 않기 때문이다. 그러니 그 이전의 일을 기억하지 못하는 것은 당연하다. 이는 사건의 순서를 재련하는 능력인 '이야기 기억'과 관계가 있다.

그리고 이야기 기억과 별도로 또 다른 형태의 회상이 바로 지금까지 이야기해 온 '감정 기억'이다. 무슨 일이 있었는지 많은 것을 기억하지는 못해도 그 일에 대해 어떻게 느꼈는지는 기억할 수 있다. 감정 기억을 처리하는 두뇌 부위는 편도체로 우리가 태어나기 전부터 완전한 기능을 갖추고 있다. 이 말은 이야기 기억이 발달하기 훨씬 전에 일어난 사건들도 부모가 아이 혹은 다른 사람과 관계를 맺는 방식에 영향을 미친다는 뜻이다.

지금까지 어렸을 때의 감정 기억이 양육에 많은 영향을 미친다고 말해 왔다. 특히 초기의 감정 기억은 성격에 많은 영향을 끼친다. 타인과 관계를 맺는 방식이나 희망과 두려움 그리고 우리 아이들에게 반응하는 방식에도 많은 영향을 준다. 어떤 심리학자들은 감정 기억을 '몸의 기억' 혹은 '암묵 기억'이라고도 부른다. 감정 기억은 우리의 의식에서는 벗어나 있을지 몰라도 우리 몸과 근육, 내부 기관에 영원히 '기록'된다.

기록된 감정 기억은 여러 방식으로 표출되곤 한다. 현재 상황과 전혀 상관없어 보이는 감정이 불쑥 튀어나올 때가 바로 그런 경우이다. 어떤 사람

어떤 심리학자들은 감정 기억을
'몸의 기억' 혹은 '암묵 기억'이라고도 부른다.
감정 기억은 우리의 의식에서는 벗어나 있을지 몰라도
우리 몸과 근육, 내부 기관에 영원히 '기록' 된다.

은 친구와 이야기를 나누다가 문득 이해하기 어려운 신체적 감각, 즉 열이 나 가슴 떨림, 두통, 긴장, 메스꺼움 등의 증상이 나타나기도 한다. 그 사람과 나눈 이야기나 특정 상황이 잊고 있던 감정 기억을 건드린 것이다.

엄마가 따뜻하게 안아 주었을 때 느꼈던 행복감과 기쁨, 어린이집에 처음으로 혼자 간 날 느꼈던 두려움처럼 당시 무슨 일이 있었는지는(이야기 기억) 어렴풋하고 잘 떠오르지 않지만, 감정만은 선명하다. 우리가 의식적으로 기억하지 못하는 감정까지 여전히 몸으로 기억하고 있다가 때때로 불러난다.

기억은 상태 의존적이다. 다시 말해 당시와 유사한 환경이나 행동이 반복된 순간 갑자기 수면 위로 떠오를 수 있다. 아이가 엄마의 감정 기억을 불러일으키는 것도 이 때문이다.

사람마다 차이는 있지만 영유아기의 감정 경험은 오늘날 나 자신에 대한 생각과 판단에도 영향을 미친다. 간혹 어린 시절을 이야기할 때 스스로에 대해 '응석쟁이'였다는 둥 '장난꾸러기'였다는 둥 부정적인 언어로 묘사할 때가 있다. 이는 나의 기억이 아니다. 그 당시 나는 그런 생각을 하지 않았다. 어른들이 붙여 준 꼬리표를 그대로 받아들인 것뿐이다. 이처럼 우리는 우리의 어린 시절을 기억할 때 내가 아닌 타인의 시선에서 기억하는 경우가 있다. 나의 기억이지만 타인의 판단으로 기억하는 것이다. 이것이 간혹 대단히 부정적인 경우, 자아의식조차 낮아질 수 있기에 좋지 않다.

아이는 때때로 상처를 치유해 준다

아이들이 부모에게 불러일으키는 감정은 놀라울 정도로 강렬하고 다양하다. 아이를 돌보면서 동시에 자신의 감정에 세심하게 관심을 기울이다 보면 미처 해결하지 못한 어린 시절의 상처와 불편한 감정을 알아채게 될 것이다. 또 경이로움, 경외감, 즐거움 등 오랫동안 잊고 지낸 아름다운 감정들이 되살아나는 것을 느낄 것이다. 그 모든 감정이 찾아올 수 있게 마음의 문을 활짝 열어 둬라.

이 과정을 이해하면 아이에 대한 부정적인 감정이 과거의 투사일 수도 있음을 깨닫게 될 것이다. 즉 어렸을 때 다른 사람들로부터 느꼈던 좋지 않은 감정이 되살아난 것일 뿐 아이와는 아무런 상관도 없다는 것을 알아채는 것이다. 이는 오래된 상처를 치유할 기회이기도 하다.

엄마의 감정을 희생해서는 안 된다

아이를 키우다 보면 숱한 장애물과 만나게 된다. 어르고 달래 봐도 울음을 멈추지 않는 아이 대문에, 청개구리 같은 아이 때문에, 혹은 아이가 내 삶을 앗아 간 것만 같은 좌절감 때문에 엄마는 하루에도 몇 번씩 고비를 맞이한다.

이런 상황에 놓이게 된다면 가장 먼저 자신에게 질문을 던져 보자. "이 나이 때 나에게는 무슨 일이 있었던 걸까?" 자신이 습관적으로 보이는 행동들을 조금 더 이해하게 되면, 아이의 행동들 조금이라도 더 이해할 수 있게 되고 엄마로서 새로운 해결책을 찾을 수도 있을 것이다.

나는 이때 부모가 어떻게 해주길 바랐을까? 가장 행복했던 순간은 언제였을까? 이런 기억들을 떠올려 보는 사이 아이의 마음을 보다 이해하고 적절한 대처 방법에 대한 통찰력을 얻을 수 있을 것이다.

물론 이것만으로 충분한 것은 아니다. 때로 양육 에너지가 완전히 고갈되어 버린 것 같은 순간이 찾아온다. 순간의 화를 참지 못하고 아이에게 버럭 화를 내거나, 잘 놀고 있는 아이에게 자신도 모르게 짜증을 내게 된다.

따라서 양육 에너지도 정기적으로 채워 줘야 한다. 아이의 감정적 요구를 충족시켜 주기 위해서는 엄마 자신의 감정적 요구부터 먼저 채워 줘야 한다. 아이를 위해 엄마의 감정을 희생해서는 안 된다. 세상은 모성애를 내세우며 엄마의 희생을 당연하게 여기지만, 엄마 없는 모성애는 없는 법이다. 엄마가 정기적으로 살펴야 할 감정적 요구로는 다음과 같은 것들이 있다.

- 편안하게 자신의 감정을 이야기하고 희망과 꿈을 표현할 수 있는 사람
- 함께 양육의 기쁨과 고통과 좌절감을 나눌 수 있는 사람
- 나를 걱정해 주고 내 말에 귀를 기울여 주는 사람
- 가끔씩 내 아이를 대신 보살펴 줄 사람
- 함께 놀고 웃고 즐길 수 있는 사람
- 가치관과 관심사를 공유할 수 있는 사람과의 대화

양육은 엄마에게 기쁨과 활력을 주지만, 아이를 보살펴야 하는 책임자로서 상당한 에너지가 필요하다. 양육을 즐겁게 하기 위해서는 엄마의 양육 에너지를 주기적으로 점검하고 채워 줘야 한다.

아이의 행복이 엄마의 행복은 아니다

엄마의 행복한 감정은 아이의 감성지능에 영향을 미친다. 그래서 양육이란 엄마 자신을 돌보는 것에서 시작된다고도 할 수 있다.

배 속의 아기 역시 엄마의 기분을 느낄 수 있다. 호르몬이 전령이 되어 혈액을 통해 아기의 뇌에 엄마의 감정을 전달한다. 심지어 엄마가 자신을 어떻게 생각하는지, 원하는지 원치 않는지도 감지할 수 있다.

따라서 임신 중에도 자신의 스트레스를 적절히 관리해야 하는데, 엄마들은 자신이 아기의 안녕을 온전히 책임져야 한다는 생각을 갖기 쉽다. 이러한 책임감은 따른 엄청난 부담으로 작용한다.

아기는 엄마 혼자만의 책임이 아니다. 그러니 적극적으로 주변 사람과 함께 나누는 한편 자신을 위한 활동을 하는 것이 좋다. 노래하고 춤추고 그림을 그리거나 햇살 아래 누워 책을 읽거나 사랑하는 배우자와 산책을 하는 것도 좋은 방법이다. 몸에 큰 무리가 되지 않는다면, 일을 열심히 하는 것도 대단히 좋다. 그럼에도 스트레스가 해소가 안 된다면, 이런 방법을 권하고 싶다.

- 긴장을 풀기 위한 시간을 항상 마련해 둔다.
- 마사지를 자주 받는다.
- 명상을 해라. 명상이 가져다주는 마음의 평정은 아이와의 교감을 도와주어 임신부에게 특히 좋다. 어떤 엄마들은 마치 아기의 영혼과 대화를

나누는 것 같은 기분을 느끼곤 한다.
- 자연에서 혹은 자연과 가까이 시간을 보내라. 바다의 함성, 강물이 흘러가는 소리, 바람에 움직이는 나무 소리에 귀를 기울여라. 자연의 아름다움으로 감각을 채워라. 자연과의 결합보다 영감을 불러일으키고 원기를 회복시키는 일도 없을 것이다.
- 아기를 향해 큰 소리로 자신의 기분을 말해 줘라. 아기가 아직 언어를 모른다고 걱정할 필요는 없다. 아기는 엄마의 목소리를 듣고 싶어하고 또 들어야 한다. 엄마의 말투와 억양을 통해 많은 것을 받아들이고 이해한다.
- 마음속으로 조용히 아기에게 말해라. 지금 기분이 어떤지, 두 사람을 위해 오늘은 뭘 먹고 싶은지 물어볼 수도 있다. 산책을 하고 싶은지 수영하고 싶은지 조용히 쉬고 싶은지 물어봐라. 정말로 대화가 가능한지는 크게 중요하지 않다. 우스꽝스럽게 생각될지라도 아기와의 대화는 평생 이어질 아기와의 만남을 준비하는 과정이다. 또 자신에 대해서도, 자신의 감정에 대해서도 더 잘 알 수 있게 된다. 아기에게 말을 거는 순간 엄마 자신의 감정이 또렷해지면서 둘 사이에 깊은 교감이 이루어진다.
- 자장가나 좋아하는 노래, 사랑스러운 음악을 아기에게 들려줘라. 아기들이 배 속에서 들은 음악을 기억한다는 사실은 이미 여러 연구를 통해 증명되었다.
- 친구든 가족이든 다른 여성과 많은 시간을 보내라. 이 시기 임신부는 어머니에게 특히 끌림을 느낀다. 어머니가 가까이 없다면 연륜과 경험

이 많은 다른 여성과 관계를 쌓아라. 삶의 선배들이 위로와 힘을 줄 것이다. 임신부가 절대로 느껴서는 안 되는 감정이 있다면 그건 바로 외로움이다.

- 배우자와 많은 시간을 보내라. 함께 편안하고 즐거운 시간을 보내고 부모가 된다는 게 어떤 기분인지 서로 이야기를 나눠라. 임신부도 화를 낼 수 있고 심지어 격분할 수도 있으며 슬퍼하거나 두려워할 수도 있다. 모든 감정을 겪어도 괜찮다. 동요할 때마다 "세상에! 우리 아기에게 안 좋은 영향을 줄 거야."라고 걱정할 필요는 없다. 감정을 관리하고 표현하면 아기에게 상처를 주지 않는다. 오히려 감정 표현이 아기의 신경계에 감정 처리법을 가르쳐 준다. 감정이 해결되지 않고 계속 남아 있을 때 오히려 아기에게 부정적인 영향을 미친다.

- 믿을 만한 사람들과 자신의 걱정과 두려움을 나눠라. 스트레스가 심한 상황이라면 상담사를 찾아가도 좋다. 고통스러운 마음을 혼자 간직하지 말고 다른 사람에게 도움을 요청해야 한다.

2 chapter
엄마와 아기의 '첫인상의 법칙'

아이 삶을 지배하는 감정 기억의 첫 번째 시기 : 임신부터 주산기까지 아기는 언제부터 감정을 느낄 수 있을까?
아기의 감정은 배 속에서부터 시작되며
세상에 대한 첫 경험은 아기의 감성지능의 첫 조각이자,
엄마와 아기의 초기 유대를 결정한다.
자연은 엄마와 아기의 완벽한 첫 만남을 준비하며
첫눈에 사랑에 빠지도록 이끈다.

왜 어떤 아기는
유난히 예민한 걸까?

엄마는 열 달 동안 아기와 만날 날을 손꼽아 기다리며, 그 모습을 상상하곤 한다. 그런데 아기와의 설레는 첫 만남이 시련의 시작이 되어 버리는 경우가 있다. 도통 잠을 못 이루고 쉽게 깨며 하루 종일 칭얼거리는 아기를 돌보느라 하루하루 지쳐 가던 엄마는 결국 자신이 부모 노릇을 제대로 하고 있지 못해서는 아닐지 자책하게 된다. 육아의 기쁨을 맛보기도 전에 육아 스트레스만이 무겁게 어깨를 짓누른다.

이처럼 유독 예민하고 까다로운 아기들이 있는데, 지금까지 대부분의 사람은 이를 타고난 기질 탓이라고만 여겼다. 그런데 아기의 감정 연구를 통해 임신 기간이나 분만 도중에 경험한 부정적인 감정들이 아기를 예민하게 만든다는 사실이 밝혀졌다.

최근까지만 해도 의사들은 출생 당시 아기는 의식이 깨어 있지 않다고 생각했다. 신생아의 마음이라는 게 존재한다 해도, 기억하지 못할 감각들이 혼란스럽고도 의미 없이 뒤섞여 있을 뿐이라고 여겼다. 일반적으로 신생아는 의사소통을 하거나 부모를 이해할 수 있다고 생각하지 않았다.

그러나 이는 틀린 생각이었다. 최근 태아의 능력에 대해 밝혀진 과학적 사실들만 살펴봐도 충분히 알 수 있다. 태아는 임신 20주 무렵부터 부모의 목소리를 들을 수 있고, 7개월부터는 기억 체계를 형성하여 엄마 배 속에서의 경험들을 뇌 속에 저장한다. 프랑스 연구팀은 신생아가 여러 사람의 목소리 중에서 엄마의 목소리를 정확히 짚어내는 것을 밝혀냈는데, 임신 기간 중 아빠의 목소리에 자주 노출되었던 아기는 아빠의 목소리까지 식별해 냈다.

더욱 놀라운 것은 노스캐롤라이나 대학의 연구 결과이다. 연구진들은 임신부를 통해 태아에게 정기적으로 닥터수스의 『모자 속의 고양이』를 큰소리로 읽어 주게 했다. 그리고 출생 직후 아기에게 빠는 속도에 따라 재생되는 이야기가 달라지는 고무 젖꼭지를 물린 뒤 엄마의 목소리로 녹음한 이야기를 들려주었다. 그 결과 신생아들이 엄마의 배 속에서 들은 친숙한 이야기에 반응하는 것을 알게 되었다.

이처럼 수많은 연구가 태중의 아기에게도 마음과 감정이 있음을 확인시켜 주었고, 배 속의 경험은 두뇌의 감정중추와 아기의 성격에 장기적으로 강력한 영향을 미친다는 사실을 알려 주었다.

그렇다면 배 속에서부터 이미 의식을 가지고 감정을 느낄 수 있는 아기에게 오늘날의 분만 과정이 어떤 느낌을 안겨 줄지 충분히 추측할 수 있을 것이다.

모든 소음이 차단되고 조명도 부드럽게 낮추어진 편안하고 완벽한 요람 속에서 몇 달을 보낸 아기가 처음으로 분만실의 눈부신 조명을 만났을 때 어떤 느낌을 받겠는가? 여기저기에서 울려 퍼지는 소음, 말소리, 쨍그랑거리는 소리가 아기의 예민한 귀에 어떻게 들릴까? 안락한 곳에서 벗어나 차가운 저울에 올라가고 플라스틱 상자에 놓이게 된다면, 처음으로 갑자기 혼자가 된다면 어떤 기분이겠는가? 이런 경험이 갓 태어난 아기에게 어떤 기분을 들게 하고 무엇을 가르쳐 줄까?

이와 반대로 세상에 나온 순간 누군가 따뜻하게 안아 부드럽게 말을 걸어 주고, 늘 구부리고 있던 팔다리를 펴주고 폐를 열어 공기를 마실 수 있게 해준다면, 처음으로 엄마 젖을 물고 배를 넉넉히 채울 수 있게 해준다면 어떤 기분이 들겠는가? 엄마는 외부 세계에 대한 아기의 첫인상이고 이때의 교감은 감성지능을 쌓아 올리는 기본 토대가 된다. 즉 아기가 세상에 나와 처음 느낀 따뜻한 환대와 소통의 감정들은 일반 분만실에서 겪는 이 세상에 나 혼자라는 느낌과는 현격한 차이를 만들어 낸다.

환영받는다는 느낌을 받을 때 엄마가 사랑을 담아 말을 건다고 느낄 때, 심오한 만족감이 아기를 감싸면서 내면의 안정감을 선사하고 감정 건강의 강력한 토대를 마련해 준다. 이는 감성지능의 첫 블록 조각이다. 비록 무의식 상태에 머무를지라도 환영 속에서 세상에 나오고 사랑받고 세심하게 대우받은 감정의 기억은 아이가 앞으로 느낄 행복과 사랑의 감정에 기초가 되어 준다.

우리가 자신을 대하는 방식, 타인을 대하는 방식, 아직 태어나지도 않은 아이를 대하는 방식이 아이의 감성지능에 커다란 영향을 미친다는 사실은 아무리 강조해도 지나치지 않다. 행복하고 황홀하기까지 했던 배 속 환경과 출산의 기억은 감정 창고에 저장되어 아이에게 성장의 힘이 되어 주고 긍정적인 아이로 자랄 수 있도록 이끈다.

행복한 삶의 출발은 아이에게 다음과 같은 기회를 선사한다.

- 넓은 포용력을 갖게 한다.
- 흔들림 없는 자신감을 갖게 한다.
- 건강한 감수성을 지니게 한다.
- 공감 능력과 감정 이입 능력을 갖게 한다.
- 감정 회복력을 갖게 한다.
- 삶에 대한 열정을 느끼게 한다.
- 삶을 시작할 의지를 갖게 한다.

바깥세상으로의 첫 출발은 엄마와 아기의 결합을 위해서, 또 아기의 감성지능을 위해서 매우 중요하다.

초기 경험이 감정에 미치는 영향

초기 건강primal health이란 임신과 출산 전후 몇 달 동안 개인의 심신 건

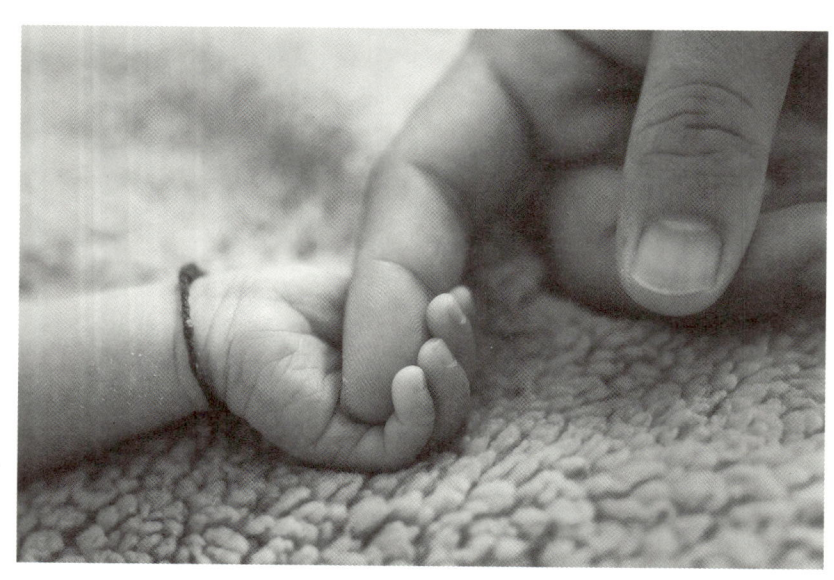

유독 예민하고 까다로운 아기들이 있는데,
지금까지 대부분의 사람은 이를 타고난 기질 탓이라고만 여겼다.
그런데 아기의 감정 연구를 통해
임신 기간이나 분만 도중에 경험한 부정적인 감정들이
아기를 예민하게 만든다는 사실이 밝혀졌다.

강에 미치는 장기적인 영향을 살펴보는 새로운 연구 분야이다. 미국, 캐나다, 독일, 프랑스, 스웨덴, 네덜란드, 핀란드, 일본, 이스라엘, 호주 등 세계 곳곳의 병원과 대학에서 초기 건강에 대해 활발히 연구가 진행되었고, 엄청난 양의 정보가 축적되며 '감정 건강의 기본'에 대해 많은 것이 밝혀지게 되었다.

1983년 미국과 캐나다에서 태아신생아심리건강협회가 설립되었고 1986년에는 비엔나에 국제태아신생아심리의학협회가 설립되면서 연구가 보다 활성화되었다. 그 결과 배 속에 있을 때 아기가 느끼는 감정은 이후 감정 발달에 주요한 영향을 미칠 뿐 아니라 성인이 되어서도 행동, 인간관계, 감정 처리 등에 영향을 미친다는 사실이 밝혀졌다.

엄마의 감정 상태는 태반을 통해 아기에게 전달된다. 예를 들어 엄마의 스트레스 수치가 높아지면 태아의 심장 박동이 올라가고 뇌로 흘러들어가는 혈액의 양이 바뀌면서 불안과 흥분을 안겨 준다. 출산을 앞둔 산모는 스트레스가 높고 외롭다고 느끼기 쉬운데, 이러한 감정은 분만 후에 아기의 행동에도 영향을 줄 수 있다. 모든 스트레스를 걱정할 필요는 없지만, 정도가 심한 스트레스가 지속될 경우 아기의 신경 발달에 영향을 끼친다.

태중 혹은 분만 중에 아기가 받은 스트레스는 예민한 아이가 되는 원인이 되기도 하며, 심한 경우 주의력결핍 과잉행동장애ADHD 등의 원인이 된다.

행복한 첫 만남을 위해 알아야 하는 것들

엄마가 되는 과정은 그야말로 자연의 신비 그 자체이다. 산모가 최대한 자연스럽고 편안하게 출산할 수 있도록 여자의 몸 안에서는 특별한 변화가 펼쳐진다. 산모와 아기는 가장 심오한 감정적 변화를 맞이할 준비를 한다. 말 그대로 첫눈에 사랑에 빠질 수 있도록 둘 다 마음의 문을 활짝 열어젖힌다. 출산 직전부터 직후까지 산모의 두뇌는 특별한 호르몬 칵테일을 대량 방출한다. 이러한 호르몬의 분출은 아기에게도 영향을 미치는데, 태반을 통해 산모에게서 직접 받기도 하고 아기 두뇌에서 분비되기도 한다. 살면서 이토록 많은 두뇌 화학 물질이 분출되는 시기도 없을 것이다. 분만 과정에서 특별한 방해를 받지 않는다면 이러한 화학 물질은 산모와 아기가 자연스럽게 기쁨과 환희의 순간을 맞이할 수 있도록 도와준다.

이런 변화는 왜 일어나는 걸까? 바로 산모와 아기가 서로 사랑을 느끼고 건강한 애착을 준비할 수 있도록 하기 위해서이다. 이 기적 같은 호르몬이 산모와 아기에게 어떤 작용을 하는지 자세히 알아보자.

옥시토신

옥시토신은 강렬한 사랑의 감정을 일으켜 흔히 사랑의 호르몬이라고 부른다. 출산 중 자궁 수축을 증가시켜 분만 속도를 높이고 산모의 통증을 줄여 준다. 출산 후에는 산모에게 육아 본능을 불러일으킨다. 특히 아기와 직접 살을 맞대는 스킨십이 이루어질 때 다량의 옥시토신이 분비된다. 병원에 '모자동실母子同室'이 마련되어 있는 이유도 이 때문이다. 의료인과 심리학자들도 출생 직후 산모와 아기의 유대가 이들의 감정 건강에 매우 중요한 영향을 미친다는 사실에 점점 주목하고 있다.

프로락틴

산모의 몸에서는 엄청난 양의 프로락틴이 분비되는데, 이 호르몬은 엄마에게 다정한 행동을 유도한다. 또 모유 생산과 면역 체계 기능과도 관계가 있다.

베타-엔도르핀

자연적으로 발생하는 마취제인 베타-엔도르핀은 마약 같은 황홀감을 선사하여 쾌락의 호르몬이라고 알려져 있다. 산모와 아기의 유대감을 높여 주고 애착을 느끼게 한다. 또 진통제의 역할을 하기도 한다.

노르아드레날린

출산 직후 산모와 아기는 노르아드레날린 수치가 일시적으로 솟구치면서 한 시간 동안 둘 다 각성 상태에 놓이게 된다. 아기는 동공을 열어 엄마의 눈을 똑바로 바라본다. 노르아드레날린 수치는 아기가 잠들 때까지 절정에 이르렀다가 점점 줄어들면서 사랑받고 싶은 아기의 요구를 충족시켜 준다. 아기에게 엄마를 인식시키기 위해 자연이 마련한 방식으로, 과학자들은 수십 년 동안 이 짧지만 결정적인 '각인'의 순간을 관찰해 왔다.

의학박사 미셸 오당과 사라 버클리, 비니 댄스비를 비롯한 전문가들은 이러한 호르몬의 혼합 분비를 '황홀경 칵테일'이라고 설명한다. 많은 산모가 자연 분만 후에 억누를 수 없는 기쁨과 사랑을 느꼈다고 말한다. 큐피드의 화살을 맞은 것처럼 엄마와 아기를 한순간 사랑에 빠뜨리는 것이다. 이는 앞으로 지속해 나갈 엄마와 아기의 관계에 힘이 되어 준다. 힘들고 두려운 출산이지만, 편안하고 안정적인 환경이 주어진다면 자연이 주는 선물을 통해 엄마는 양육자로서의 힘을 갖게 된다.

행복한 분만은 아기에게 긍정적인 감정을 선사하고, 처음 맞이하는 세상에 대한 그리고 앞으로 살아갈 날들에 대한 신뢰의 토대를 쌓아 준다. 말 그대로 행복한 첫 생일을 선사하는 것이다. 행복한 느낌으로 세상에 첫발을 내딛은 아기는 이런 기분에 휩싸일 것이다. "나는 너무도 많은 사랑과 기쁨을 받았으니 이제 사랑할 수 있는 사람이 될 수 있어."

무통 주사, 수술을 고민하고 있다면

행복한 출산 과정은 엄마와 아기 모두에게 엄청난 보상으로 돌아온다. 출산 호르몬이 부린 마법으로 엄마와 깊은 애착을 형성한 아기는 쉽게 잠들고 달래지며 늘 웃는 모습을 보일 것이다.

그만큼 출산 환경은 대단히 중요한데, 출산을 앞두고 엄마는 몇 가지 선택의 기로에 서게 된다. 제왕절개 분만을 할 것이냐, 자연 분만을 할 것이냐. 자연 분만을 한다면 무통 주사를 맞을 것이냐 맞지 않을 것이냐를 놓고 많은 고민을 하게 되는 것이다.

특히 무통 주사는 진통이 겁나고 무서운 엄마들에게 희망이 되어 주고 있다. 진통을 줄이는 약에는 크게 진통제와 마취제가 있다. 데메롤과 같은 진통제는 통증을 완화시켜 주지만 옥시토신과 베타-엔도르핀의 분비를 억제해 출산 시에 느낄 수 있는 기쁨과 환희를 방해하는 부작용이 있다. 또한 경막외 마취는 허리 아래의 통각만을 차단해 주어, 이 주사를 맞으면 의식은 유지하면서도 통증은 경감되는 효과가 있다. 하지만 적극 권하기가 힘들다. 분만 시에 분비되는 호르몬을 억제하여 출산에서 느낄 수 있는 기쁨을 방해하기 때문에 긍정적인 유대감을 쌓는 기회를 앗아간다. 뿐만 아니라 파도처럼 밀려오는 자궁 수축에 맞추어 힘을 주어야 하는데, 마취 때문에 어려워져 난산의 위험이 높아진다.

임신부들은 아파도 약을 먹지 않으며 태아를 위해 약물 섭취를 조심하는 데 반해, 출산 당일에는 강력한 약물들을 덜컥 투여받는다. 대표적인 약물이 바로 자궁 수축을 촉진하여 분만을 유도하는 인공 옥시토신이다. 하지만 이 약을 투여하면 천연 옥시토신의 분비가 급격히 줄어들기 때문에 오히려 진통 시간이 길어지며 겸자나 진공흡입기 같은 보조 도구를 사용해 분만할 가능성이 커진다. 무엇보다 산모가 복용하거나 주입한 약물은 아기의 신경계에 혼란을 일으킬 수 있다.

물론 진통의 고통은 부인할 수 없다. 하지만 고통 대신 얻는 것은 더 많다. 강하고 규칙적인 자궁 수축은 엄마에게는 진통이고, 태아에게는 유익한 스트레스가 된다. 태아가 이 스트레스에 대응해 분비하는 카테콜아민이라는 호르몬은 심장 박동과 호흡을 느리게 하고 근육으로 가는 혈액을 줄여 출산 도중 뇌와 심장에 산소를 안정적으로 공급한다.

세 아이의 엄마인 다이앤은 첫아이를 낳을 때 마취제를 맞았다. 몇 시간 후 깨어났을 때 그녀는 자신이 아기를 낳았다는 것을 믿을 수가 없을 정도로 어떠한 진통도 겪지 않았다. 간호사가 아기를 데리고 왔을 때는 아기가 너무 낯설기만 했다. 처음에는 아기가 태어나는 장면을 보지 못했기 때문이라고 생각했지만, '혹시 병원 측의 실수로 아기가 뒤바뀌었으면 어쩌지? 하는 불안감마저 느꼈다.

다이앤이 아기와 유대감을 느끼기까지는 석 달이 걸렸다. 나중에 알고 보니 다이앤은 당시 '황혼의 잠'이라는 별명을 가진 마취제를 맞았는데, 여기에는 진통을 줄이기 위한 모르핀과 기억을 막아 주는 스코폴라민 성분이 들어 있었다.

대부분의 엄마가 가능한 한 자연 분만을 택하지만, 충분히 자연 분만이 가능한데도 수술을 선택하는 경우도 적지 않다. 그들에게 무조건 수술을 해서는 안 된다고 말하기는 조심스럽다.

하지만 분명한 건 수술을 통해 출산을 할 경우 산모와 아기 모두에게 자연적으로 발생하는 호르몬이 충분히 분비되지 않는다는 사실이다. 의학 박사 사라 버클리의 말에 따르면 "자연 분만은 기분 좋은 호르몬이 절정 수준으로 분비되어 산모와 아기의 안전과 유대감에 이바지한다."고 한다. 그런데 제왕절개 분만을 하게 될 경우 모든 감각과 감정이 통제되다 보니 호르몬의 분비가 조절되고 엄마와 아기의 이상적인 만남이 어려워진다.

하지만 다행히도 이상적이지 않은 첫 만남을 만회할 기회는 앞으로 수없이 많다. 엄마는 아기와 살과 살을 맞대고, 끊임없이 사랑의 눈길을 교환하면서 아기와 유대감을 쌓을 수 있다. 특히 아기 마사지는 불안하고 흥분한 아기를 진정시켜 주는 놀라운 효과가 있다. 감정 스트레스는 마음이 아닌 몸에도 쌓인다. 감정 기억을 '몸의 기억'이라고도 부르는 이유이다. 정기적으로 마사지를 해주면 아기의 몸에 쌓인 좌절감과 불안감 같은 감정을 풀어 줄 수 있다. 이뿐만이 아니라 아이의 혈액 순환과 소화, 면역력 개선에도 효과가 있으니, 꼭 배워 활용해 보길 바란다.

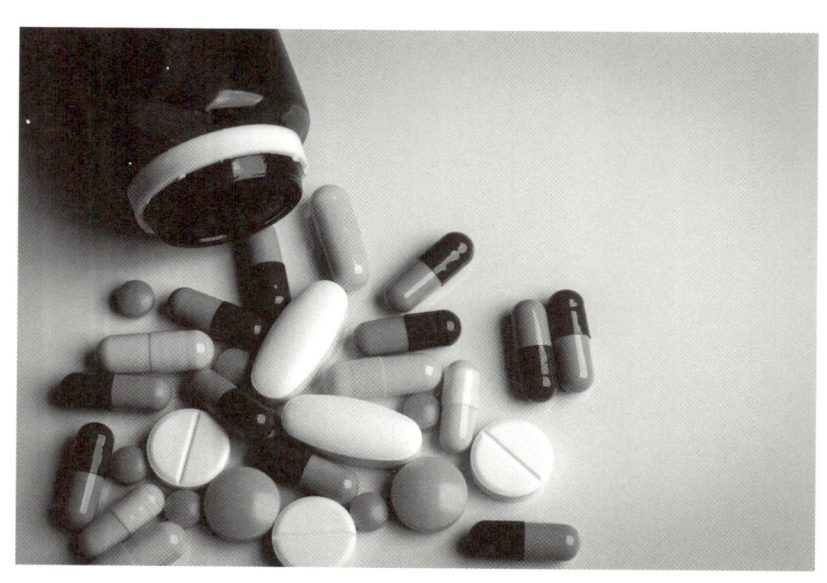

임신부들은 아파도 약을 먹지 않으며
태아를 위해 약물 섭취를 조심하는 데 반해,
출산 당일에는 강력한 약물들을 덜컥 투여받는다.
산모가 복용하거나 주입한 약물은
아기의 신경계에 혼란을 일으킬 수 있다.
물론 진통의 고통은 부인할 수 없다.
하지만 고통 대신 얻는 것은 더 많다.

출산은 꼭 고통을 동반할까?

의학적 도움에 의한 부작용은 피하면서도 진통을 완화할 수 있는 방법은 없는 걸까?

종종 극도의 고통은 두려움과 통증을 예상한 몸의 반응 때문에 생기기도 한다. 영국의 출산 교육가 샐리 인치는 아이를 낳은 사람들로부터 들은 출산 이야기가 산모의 고통을 악화시킨다고 말한다. 한 연구에 따르면 사실 산모들 중 30퍼센트 정도는 출산 과정이 행복하고 긍정적이었으며, 일생 최고의 순간으로 기억하는 산모도 있다고 한다. 그러나 출산의 모습을 담은 영화나 드라마를 보면 하나같이 엄청 고통스러워 보인다. 이러한 이야기와 장면들은 여성들에게 출산에 대한 편견과 공포심을 무의식중에 심어 주게 되는데, 신경과학자 힌리 리드는 산모의 심리적 상태가 출산 시 통증에 많은 영향을 끼친다고 주장했다.

산모의 공포, 통증에 대한 불안, 낯선 장소, 친숙한 사람과의 분리 등은 스트레스 호르몬을 분비시키고, 스트레스 호르몬은 자궁 주변에 잘못된 수축을 일으켜 정상적인 분만을 방해하고 진통을 키운다는 사실이 밝혀졌다. 고통에 대한 두려움이 실제 고통의 원인이 될 수 있는 것이다. 산모의 감정즉 행복과 요구를 보살피는 것이야말로 가장 좋은 진통제임이 밝혀진 연구 결과라 할 수 있다.

프랑스의 산부인과 의사이자 초기건강연구센터 소장 미셸 오당은 "의료 종사자의 주요 역할 중 하나는 임산부의 감정 상태를 보호하는 것이어야 한다."라고 말한다.

    이렇듯 산모의 감정 상태는 분만이 진행되는 과정에서 중요한 역할을 한다. 엄마의 행복과 함께 아이의 삶이 시작되기 때문이다.

아기는
엄마와의 첫 만남을 준비한다

사실 얼마 전까지만 해도 신생아의 감정은 아즈 미약하고 의미 없는 감각들의 혼재라는 것이 과학계의 일반적인 견해였다. 그러나 지금은 신생아도 감정을 느끼격, 그 감정들이 이후 삶에 많은 영향을 미친다는 사실들이 밝혀졌다.

특히 출산 직후 약 한 시간 동안 산모와 아기는 엄청난 천연 호르몬의 영향으로 감각이 활짝 열리게 된다. 왜 자연은 산고와 아기의 첫 만남을 이런 식으로 계획해 놓은 걸까?

신생아는 눈을 뜨자마자 엄마와의 유대를 추구한다. 아기는 엄마와 눈을 맞추고 몇 분도 안 되어 타인과 엄마를 완벽하게 구별한다. 심지어 태어난 지 몇 분 지나지 않은 아기도 여러 장의 사진 중에서 억마의 사진을 골라낼 수 있다. 또 실험을 통해 생후 사흘밖에 되지 않은 아기가 엄마의 냄새를 구별한다는 게 드러났다. 엄마와 타인이 각각 사용한 두 개의 수유 패드 사이에 모유 수유를 해온 아기를 눕혀 놓으니 정확히 엄마의 수유 패드를 향해 고개를 돌린 것이다. 수유 패드를 계속 바꿔 가며 실험을 반복했지만 아기는 엄마 냄새를 정확히 짚어 냈다.

출산 시 아기의 감각은 하나하나 변화를 겪으며 엄마의 모습, 냄새, 감촉, 맛을 새길 준비를 한다. 생후 한 시간 이내 아기를 엄마의 품에 안겨 주면 아기의 입은 재빨리 엄마 가슴의 윤곽을 익히고 고유한 크기와 모양에 적응하기 시작한다. 자연은 아기가 모든 오감을 통해 엄마를 각인할 수 있도록 세심하게 만들어 놓았다. 그렇게 아기에게 엄마는 '유일한 사람'이 된다. 이게 바로 사랑에 빠지는 행위이다.

태어난 지 한 시간 정도 지나면 강력한 각성 상태를 몰고 오던 호르몬이 정상 수준으로 떨어지고 안정을 찾게 되면서 아기는 깊고 편안한 잠에 빠져든다. 자신이 사랑받고 있음을 확인한 다음 평화롭게 잠이 드는 것이다. 이렇게 초기 유대를 위한 가장 강력한 기회의 창이 부드럽게 닫힌다.

이 모든 일련의 과정들은 모두 엄마와 아기의 애착을 목표로 한다. 아기의 행복은 엄마와 맺는 애착의 질과 친밀성에 달려 있다고 해도 과언이 아니다. 아기의 감성지능은 심리적 안정감을 기반으로 하는데, 즉 언제 어디서라도 사랑하는 사람이 날 지켜 주고 안아 줄 것이라는 절대적 믿음에서 온다. 엄마와의 애착은 아기에게 주어진 가장 중요한 임무라고 할 수 있다.

갓 태어난 아기에게 애착을 형성해 가는 하루하루는 대단히 소중하다. 이 시기의 경험은 한창 발달하고있는 아기의 두뇌와 신경계에 기록을 남겨, 고스란히 아이의 성격과 행동, 정서에 바탕이 된다.

이 초기 유대의 순간이 얼마나 중요한지 깨달은 의료진들은 전 세계 수천 곳의 병원에서 산모와 신생아가 늘 함께 있을 수 있도록 모자동실 진료 체계를 만들어 나가고 있다.

이때 모유 수유는 아기의 신체 건강과 감정 건강을 지키는 가장 훌륭한 보험 중 하나로, 산모와 신생아가 함께 있어야 하는 이유이다. 산모가 성공적으로 모유 수유를 하려면 출산 직후 되도록 빨리(적어도 한 시간 안에) 아기를 품에 안아야 한다. 또한 모자동실에 있는 신생아는 신생아실에서 따로 지내는 아기보다 수면과 비수면 주기를 더 빨리 배운다. 온종일 엄마와 함께한 아기일수록 엄마의 숨소리를 통해 낮과 밤의 차이를 배우게 되어 엄마의 수면 주기에 빨리 적응하기 때문이다.

물론 모자동실은 장점만큼 단점도 뚜렷하다. 출산으로 몸이 많이 약해진 엄마에게 큰 부담이 아닐 수 없다. 그러니 꼭 모자동실을 선택해야 하는 것은 아니다. 이 시기의 중요성을 인지하고 조금 더 신경을 써주는 것으로도 충분하다.

| 더 알아보는 과학 육아 |

아기는 많은 것을 본다

최근까지 소아과 의사들은 아기들이 빛만 볼 수 있다고 생각했다. 그러나 실제로 신생아는 엄마의 얼굴을 바라보고 식별할 수 있으며 때로는 엄마의 표정을 흉내 낼 수도 있음이 밝혀졌다. 아기는 시각으로 물체를 따라갈 수도 있으며 얼굴이나 그와 유사한 모양을 더 잘 본다. 그러나 분만 중 약물을 사용했거나 긴 분만과 출산합병증으로 지쳤을 경우 신생아의 이런 반응은 줄어든다.

캥거루 케어

캥거루 케어라는 말을 들어 본 적이 있을 것이다. 캥거루 케어는 엄마와 아기의 맨살을 접촉시키는 양육법이다. 이 방법은 1980년대 콜롬비아 보고타의 한 병원에서 인큐베이터 시설이 부족하여 그 대안으로 엄마의 맨가슴에 아기를 올려놓고 돌본 것이 그 시작이 되었다. 미숙아의 생존율을 높이고 성장을 촉진시킨다는 캥거루 케어는 미숙아뿐 아니라 모든 신생아에게도 유익하다. 그래서 요즘에는 아기가 태어나면 엄마는 병실로, 아기는 신생아실로 가는 것이 아니라, 산모가 신생아를 곁에 두고 가능한 한 자주 스킨십을 할 수 있도록 권하고 있다.

캥거루 케어의 이점은 극적이면서 장기적이다. 엄마와 함께한 아기는 신생아 침대에 바로 옮겨진 아기보다 덜 울고 더 많이 자며 더 많이 웃는다. 이점은 여기서 끝나지 않는다. 엄마에게 안겨 있는 아기는 그렇지 않을 때보다 체온과 신진대사, 호르몬과 효소 수치, 심박과 호흡이 훨씬 더 안정적인 모습을 보인다. 엄마와의 스킨십이 많을수록 아기의 몸무게가 더 빨리 늘고, 근육 발달과 협응력이 강화된다는 연구 결과도 있다. 또 다른 연구에서는 캥거루 케어를 받은 아기가 지능과 이해력이 높으며, 읽고 쓰기도 더 빨리 시작한다고 밝혀지기도 했다.

캥거루 케어는 엄마에게도 도움을 준다. 신생아와의 스킨십은 엄마의 양육 본능을 자극하여 아기와의 교감을 돕는다. 실지로 캥거루 케어를 한 엄마가 아기의 요구를 더 빨리 읽어 낸다는 연구 결과가 나오기도 했다.

아기는
엄마의 반응을 먹고 자란다

　아기는 풍부한 의사소통 수단을 갖추고 태어난다. 수많은 표정과 자세, 몸짓, 울음, 옹알이는 아기의 감정과 요구에 대해 많은 것을 말해 준다. 특히 아기의 울음에는 다양한 뜻이 담겨 있는데, 오랜 시간 아기를 주의 깊게 살펴보면 울음에 따라 요구가 다르다는 것을 알아챌 수 있다. 그러나 이런 아기의 언어는 온전히 경험을 통해서만 이해할 수 있다. 아기가 울 때마다 "배가 고프구나?" "기저귀가 가득 찼구나?" "우리 아기가 엄마 품이 그립구나?" 하며 다르게 대처한 뒤 이때 보이는 반응을 통해 배우는 수밖에 없다.

　아기들은 참거나 망설이지 않는다. 건강한 아기라면 엄마가 원치 않는 것을 줄 경우 큰 소리로 분명하게 알릴 것이다. 처음부터 완벽하게 아기의 요구를 충족시켜 줄 수는 없다. 어쩌면 절대 익숙해질 수 없는 것이 양육이다. 완벽해야 한다고 생각하면 부담감만 더해지고 양육의 기쁨과 즐거움만이 줄어들 뿐이다. 중요한 것은 언제나 아기 곁에서 관심을 기울이며 시도해 보는 것이다.

불가능한 임무가 주어진 듯한 기분도 들겠지만, 누구나 이러한 혼란과 무기력감을 느끼는 순간이 찾아온다. 어디가 아프거나 다친 것도 아닌데 어떤 방법으로도 아기가 울음을 멈추지 않는다면, 아기를 꼭 끌어안고 대화를 나눠라. 엄마가 지금 어떤 감정인지 알려 주고, 아기의 감정을 읽어 주려고 노력해라. 엄마의 진정 어린 목소리를 아기도 알아들을 것이다. 엄마의 사랑이 담긴 노력은 아기가 스스로 감정을 해결할 수 있도록 도와준다.

시간이 흐르면 자연스럽게 아기의 언어를 이해할 수 있게 될 것이다. 심심할 때의 울음과 춥거나 신체적으로 불편할 때의 울음, 성가시거나 방해를 받았을 때의 울음, 기저귀가 불편했을 때의 울음, 슬프거나 외롭거나 안기고 싶을 때의 울음, 두려울 때의 울음, 배앓이 때문에 우는 울음, 배고플 때 내는 소리 등을 구별할 수 있게 된다. 때로는 그저 그날 쌓인 스트레스를 배출하기 위해 엄마 품에 안겨 울고 싶은 것일 수도 있다. 아기의 언어를 완벽하게 해석할 줄 알아야 한다고 스스로 다그치지 말고 함께 보내는 시간을 늘려 자연스럽게 서로 이해하고 일상의 리듬을 맞춰 가는 것이 중요하다.

아기들은 자신의 울음에만 반응해 주길 기대하지 않는다. 자신이 느끼고 있는 평온과 기쁨, 즐거움, 세상에 대한 놀라움의 감정까지도 엄마가 알아주고 함께해 주길 바란다. 아기는 엄마의 관심과 반응을 먹고 자

아기는 엄마의 관심과 반응을 먹고 자란다.
자신의 기쁨이 엄마를 감동시키고
그 감동을 엄마의 눈빛에서 확인하면서 더 큰 기쁨을 느낀다.
이러한 '거울 보기'가 긍정적이고 행복한 어른으로
자랄 수 있게 도와준다.
엄마의 반응은 아기가 평생 만족스럽고
감정적으로 건강한 삶을 살 수 있게 해준다.

란다. 자신의 기쁨이 엄마를 감동시키고 그 감동을 엄마의 눈빛에서 확인하면서 더 큰 기쁨을 느낀다. 이러한 '거울 보기'가 긍정적이고 행복한 어른으로 자랄 수 있게 도와준다. 엄마의 반응은 아기가 평생 만족스럽고 감정적으로 건강한 삶을 살 수 있게 해준다.

엄마, 이렇게 말을 걸어 줘라

아기는 비록 짧지만 변화무쌍한 표정으로 엄마에게 말을 건다. 이 시기 엄마는 아기에게 어떻게 말을 걸어 줘야 할까?

- 엄마는 수다쟁이가 되어야 한다는 통념에 따라 시도 때도 없이 말을 건네야 한다고 생각하기 쉽다. 하지만 아기가 배고프거나 피곤하지 않을 때, 완전히 깨어 있을 때 대화를 시도해야 한다.
- 태어난 지 몇 주 동안 아기의 집중 시간은 상당히 짧기 때문에 가급적 대화는 짧을수록 좋다.
- 혀를 내밀거나 "오!" 소리를 내는 등 간단하지만 재미있고 창의적인 반응을 보여라. 단 지나치게 자극적이거나 과격하지 않고 부드러워야 한다.
- 몇 번 반복하고 기다리며 아기에게 받아들일 시간을 줘라. 그러면 아기가 어떤 식으로든 흉내를 내거나 대답할 가능성이 있다.
- 눈은 영혼의 창이다. 표정에 별다른 게 보이지 않아도 아기의 눈은 뭔

가를 말한다. 아기의 눈에 담긴 무한한 호기심과 순수한 마음을 들여다 봐라. 아기는 해석하거나 판단하지 않고 있는 그대로 바라본다. 아기가 깨어 있을 때 그 눈빛에는 무한한 지혜와 평화가 깃들어 있다. 아기의 눈을 바라보는 동안 엄마와 아기 사이에는 많은 교류가 일어난다.

- 아기의 신호에 민감해져야 한다. 예를 들어 아기는 시선을 돌리거나 불편한 표정으로 피곤함을 표현할 것이다. 그러면 아기를 쉬게 해라. 생후 2개월 미만의 아기는 집중 시간이 짧기 때문에 필요 이상의 요구로 아기를 지나치게 자극하지 않도록 주의해야 한다.
- 특별할 것 없는 소소한 대화 같겠지만, 지금 나누는 아기와의 대화는 나중에 아이의 읽고 쓰는 능력에 기초가 되어 준다. 자신의 말에 누군가가 응해 준 경험들은 아기에게 만족감을 주고, 이는 원활한 의사소통 능력에 토대를 마련해 준다.

    심리학자들은 이와 같은 대화를 '건강한 거울 보기'라고 부른다. 아기는 누군가 자신의 말을 들어주고 반응을 보이는 행위를 통해 "나는 사랑받고 있다. 나는 사랑스럽다. 나는 환영받고 있다. 나는 귀를 기울일 가치가 있다."와 같은 인식을 하게 된다. 이는 높은 자존감을 형성하고, 아이가 평생 동안 건강한 인간관계를 만들고 유지해 나갈 수 있도록 한다.

    감성지능은 초기 엄마와의 교감에서 발달한다. 엄마가 쏟은 시간과 사랑을 담은 관심과 반응이 커다란 차이를 만들어 내는 것이다. 엄마와 신생아가 나눈 초기 교감은 아기의 두뇌를 바꾸고 결국 아기의 미래를 바꾼다.

  이 시기 아기는 세상을 탐색하며 알아가기 시작한다. 이때 아기가 찾는 것은 다른 사람과의 교감이다. 자신을 바라보고 보살펴 주는 사람을 찾는다. 거울 보기를 할 대상을 찾는 것이다. 손을 내밀었을 때 이에 응해 주는 사람이 없을 경우 아이는 커다란 상실감과 불안감을 느끼게 된다. 이는 빠르게 성장하는 두뇌에 불신의 감정을 기록하여 이후 아이의 감수성과 행동을 좌우한다. 예를 들어 아이는 더욱 관심을 끌기 위해 집착 행동을 보이거나 반대로 실망감으로부터 자신을 지키기 위해 조용히 뒤로 물러날지도 모른다.

엄마의 직관은 계발된다

  아기에 대한 엄마의 감은 정말 뛰어나다. 이는 아기와의 소통을 도와주며 양육에서 많은 힘이 되어 주는데, 엄마가 된다고 해서 자연적으로 직관이 발달하는 것은 아니다. 직관도 계발되는 것이고, 때로는 힘겨운 노력이 필요하기도 하다. 직관은 마법이 아니다. 직관은 아기의 언어를 배워 나가는 것이고 아기를 주의 깊게 살펴보고 아기에게 매혹될 때 가질 수 있다. 따라서 먼저 아기와 깊은 유대를 형성해야 한다. 때때로 어린 시절의 감정 기억을 떠올려 보는 것도 아기와 보다 친밀해지는 좋은 방법이다. 사실 아기와 친밀해지기 위해서는 많은 시간을 함께 보내면서 아기에 대해 알아 가는 과정이 필요하다. 그래서 일찍부터 아기를 어린이집에 보내는 경우, 엄마들은 직관을 계발하기 어려울 수 있다.

아기는 감정을 얼마나 느끼고 있을까?

신생아들이 초기에 겪는 감정 경험들은 두뇌에 저장되어 성장에 많은 영향을 미친다고 말해 왔다. 그런데 여기서 이런 의문이 든다. 신생아도 스트레스를 받을까? 받는다면, 언제 스트레스를 받을까?

- 아기는 바깥 세상에 나온 것 자체를 두렵고 피곤해한다.
- 아기는 엄마가 자기 곁을 떠날 때 엄청난 두려움을 느낀다. 아기의 두뇌는 아직 대상의 영속성−존재하는 물체가 어떤 것에 가려져서 보이지 않더라도 그것이 사라지지 않고 지속적으로 존재하고 있다는 것을 아는 능력−역주을 모른다. 다시 말해 엄마가 멀어지는 것을 보면서 다시 돌아올 것이라고 생각하지 못한다는 뜻이다.
- 아기는 감정과 감각을 억누르지 못한다. 모든 감정을 강렬하게 느낀다. 즉 배가 고프거나 안기고 싶다는 감정이 온몸을 뒤흔들 정도로 강력하

다는 뜻이다.
- 아기는 시간 개념을 전혀 이해하지 못하기 때문에 기다림을 참을 수 없다.
- 아기는 기저귀를 갈 때 침입을 당한다고 느낄 수 있다. 아기들은 누군가 자신의 몸을 함부로 만지는 것을 싫어하고 자신이 왜 그런 일을 당하고 있는지 이해하지 못한다.
- 스트레스는 통제력을 잃을 때 생기는 것인데, 그런 면에서 아기는 완전히 무기력하다. 아기의 모든 감각과 만족감, 안락함은 완전히 다른 사람의 손에 달려 있다.

아기는 즐겁고 기쁜 감정을 느낄 때 역시 무방비 상태이다. 엄마가 안아 주거나, 배불리 배를 채우고 나면 아기는 엄청난 행복에 빠져들며 무한한 평온 상태에 들어간다. 모유를 실컷 먹은 아기의 눈에는 희열이 가득하다. 엄마 역시 이런 경험을 한 적이 있다면, 아기의 기쁨이 엄마 몸에 기록된 감정 기억을 촉발시켜 아기와 함께 기쁨을 느낄 수 있게 도와줄 것이다.

정말 배냇짓일까?

이런 말을 많이 들어봤을 것이다. "아기는 웃는 게 아니에요. 배냇짓이에요.' "아기들은 생후 6주까지는 웃을 수 없어요."

아기의 감정이 진짜가 아니라고 말하는 소리를 들을 때마다 이상한 기분이 든다. 어른이 짓는 미소는 '나는 행복해.'라는 의미이지만, 아기의 미소는 '이봐요, 나는 행복한 게 아니에요. 그저 배냇짓을 할 뿐이죠.'라는 의미라니 이상하지 않은가? 과장해서 비유하자면, 친구에게 활짝 웃으며 인사를 건넸더니 배냇짓이라고 치부해 버린 것과 무엇이 다르겠는가.

배 속에서 6개월만 지나도 감정을 지원하는 신경망이 발달하여 온갖 종류의 감정을 완벽하게 느낄 수 있다. 그럼에도 아기의 웃음에 담긴 감정을 거짓이라고 단언할 수 있을까? 임신부가 초음파 검사를 하다 보면 웃는 태아의 모습을 볼 때가 있다. 우연히 미소랑 닮은 표정이 아니라 진짜 웃음이다. 태아가 즐거움을 느끼지 못한다는 생각은 신경학적 관점에서 어긋난다. 고통을 느끼고 반응할 수 있다면 즐거움도 느낄 수 있다.

우리의 신경계는 태아 때부터 충만한 희열을 느낄 수 있다. 소중히 여겨지고 보살핌을 받아 안락함을 느끼게 되면 아기는 당연히 웃는다.

두뇌 활동과 얼굴의 움직임에 관한 연구들을 살펴보면 아기들은 다른 누구보다 엄마를 향해 열렬하게 웃는다는 것을 알 수 있다. 아기는 누가 엄마인지 바로 인지할 수 있기 때문이다.

기쁨과 관련된 두뇌 화학 물질은 아기의 두뇌를 직접적으로 발달시킨다. 기쁨과 사랑의 감정은 감정을 조절하는 두뇌 부위에 새로운 신경 통로를 발달시킨다. 즉 아기가 느끼는 긍정적인 감정은 감성지능 발달에 필요한 신경을 구축해 평생의 감정 건강에 이바지한다.

주산기출산 전후의 시기의 유대감은 이처럼 아기의 심리적 건강과 행복을 결정하는 핵심 비결이다. 부모와 자녀가 보다 친밀하고 조화로운 관계를 맺기 위한 도약대이며 이 세상에 대해 느끼는 아기의 첫인상이다. 따라서 아기의 초기 감정 요구를 더 많이 충족해 줄수록 아기는 더 쉽게 진정하고 편안함을 느낄 것이다.

초기 유대감이 적절하지 못해 상처를 받은 사람은 소속감을 찾아 헤맨다. 이들은 사랑에 기초한 관계를 유지하기 어려워한다. 바깥 세계에 대한 아기의 첫인상은 정말로 중요하다. 그러므로 엄마와 아기의 유대감을 지키기 위해 모든 노력을 기울여야 한다.

삶의 태동기에 경험한 애정 어린 관계는 아기에게 회복력과 사랑할 능력을 안겨 주고 자라면서 부딪힐 어려움을 헤쳐 나갈 수 있게 해준다. 한두 가지 이유 때문에 이 건강한 출발의 기회를 놓쳤다면 이후 이를 만회할 교감의 시간을 많이 만들어야 한다.

엄마와 아빠는 서로 보살펴야 한다

부모가 된 순간 엄청난 감정 폭탄을 맞을 수도 있다. 심란하고 한없이 슬프다가도 언제 그랬냐는 듯 애정과 온정이 샘솟을 수도 있다. 엄청난 행복감에 웃음이 많아질 수도 있다. 그것이 부정적이든 긍정적이든 모두 자연스럽고 유익한 감정들이므로 있는 그대로 받아들이는 자세가 중요하다. 아기가 자신의 어린 시절 감정 기억을 촉발할 수도 있다. 이 역시 부모로서 자연스러운 변화 과정이다.

아기와 부모의 시간은 대단히 중요하다. 하지만 아기와의 시간을 처음 보내는 부부의 시간도 대단히 중요하다. 아기가 태어나면서 부부는 둘만의 시간을 갖기가 쉽지 않다. 의식적으로 둘이 함께하는 시간을 만들기 위해 노력해야 하며, 부모가 되어 느끼는 이러한 감정 변화와 경험에 대해 많은 대화를 나눠야 한다. 또 때로는 서로 안아 주고 배려해 줘야 한다.

chapter 3

엄마를 힘들게 하는 3종 세트 '애착, 수면 교육, 모유 수유'의 진실

아이 삶을 지배하는 감정 기억의 두 번째 시기 : 18개월까지 아이는 저마다 다양한 기질을 타고난다.
어떤 아이는 내향적이고, 어떤 아이는 외향적이다.
여기에 실제 유전자가 미친 영향력은 간접적일 뿐이다.
아기의 두뇌는 무엇을 보고 느꼈는지 경험에 의존한다.
즉 유전자보다 양육 방식이 아이에게 미치는 영향이 더 큰 것이다.
어떤 양육을 해줘야 할까?

유전자 vs 교육, 무엇이 더 힘이 셀까?

아이들의 성향은 천차만별이다. 놀이터에만 나가 봐도 아이들의 성격 차이를 극명히 알 수 있다. 어떤 아이는 신기한 물건으로 가득한 낯선 세상에 흥미를 보이며 마음껏 놀이터를 누빈다. 이와 달리 어떤 아이는 평소 경험해 보지 못했던 모래 바닥이 주는 느낌이 싫다며 엄마 품에서 떨어지려 하지 않는다. 우리는 보통 이러한 성격 차이를 유전적 성향에 의한 것이라고 생각해 왔다. 그런데 지금까지의 과학적 연구 결과를 보면 성격을 지배하는 유전자는 없다. 수줍음의 유전자도, 불안감의 유전자도 없다.

아이는 다양한 기질을 타고난다. 어떤 아이는 다소 내향적이고, 어떤 아이는 다소 외향적이다. 이렇듯 유전자는 감정적 기질에 영향을 미치지만 간접적일 뿐이다. 감정적 문제나 행동상의 문제는 유전자와는 전혀 상관없다. 최근 이러한 과학적 증명은 감정 육아의 중요성을 새롭게 조명하고 있다.

- 유전자는 신생아 때의 경험으로 전원을 켜듯이 활성화하거나 비활성화할 수 있다.
- 영유아기 두뇌 성장은 경험에 의존한다.
- 감성지능은 평생 계발할 수 있으나 두뇌의 성장 속도가 가장 빠른 영유아기에 제일 빨리 향상된다.

유전적으로 타고난 기질은 주변 사람들과 상호 작용하며 성격으로 형성되어 간다. 유전자는 기질의 토대가 될 뿐 어린 시절 사람들과의 관계에서 각인된 감정 기억이 실질적으로 기질을 강화하고 변화시키는 것이다.

| 더 알아보는 과학육아 |

자연이냐 양육이냐

세계적으로 유명한 정신과 의사이자 아동발달 전문가인 대니얼 시겔은 '자연이냐 양육이냐'의 논쟁을 다음과 같이 조명한다.

"두뇌의 신경망은 출생 후 환경이 결정한다고 해도 과언이 아니다. 유전자는 사회적 경험을 통해 발현되는데, 이는 두뇌 발달에 직접적인 영향을 미친다."

　아기의 두뇌는 직접 경험과 인간관계에서 받은 감정에 따라 발달한다. 특히 영유아기는 두뇌 성장에 박차를 가하는 시기이며, 부모는 아이의 감정 구조를 쌓는 주요한 주체이다. 이때 유전자는 매우 소박한 역할을 한다.

첫 18개월,
양육의 골든타임

　아기와의 첫 만남이 정신없이 지나가고 나면, 가족은 새로운 생활 리듬에 적응하며 자리를 잡아가기 시작한다. 이때 알아야 할 점은 영아기 2세까지의 몇 달이 아동기 6,7세부터 13세까지의 어느 단계와도 매우 다르다는 사실이다.

　이 시기 아기는 부모에게 무엇을 바랄까? 유아기 2세부터 6세까지와 아동기의 요구와는 어떻게 다를까? 사랑스런 아기의 성장을 자연스럽게 유도할 수 있는 관계를 맺기 위해서는 어떻게 해야 할까?

　아기에게 첫 18개월은 다른 무엇보다도 감정적 안정감을 채워 줘야 할 때이다. 해야 할 일들로 머릿속이 복잡할 때 이 점을 무엇보다 최우선으로 여긴다면, 부모로서 해야 할 일의 방향을 잡을 수 있을 것이다. 감정적 안정감은 다른 말로 '신뢰'라고 할 수 있다. 아기에게 '절대 널 혼자 두지 않을 것이며, 넌 사랑스럽고 충분히 가치 있는 존재'라는 확신을 심어 주는 것이다. 이런 신뢰는 아기에게 내가 말을 걸면 언제든지 상대가 응해 줄 것이라는 소통의 믿음을 심어 준다. 이 시기에 쌓인 안정감은 세상에 대한 우호적인 관점을 만들어 준다. 이는 앞으로 아이가 커가면서 쌓아야 할 행복과 성공의 기본 토대이자 인간관계의 견인차 역할을 해 준다.

'애착'이란 말이 부담스러운 엄마에게

최근 엄마들 사이에서 애착 육아는 주요 화제이자 관심사 중 하나이다. 하지만 아이와 많은 시간을 보내며 정신적 유대를 지향하는 양육 방식인 애착 육아는 엄마들에게 무거운 부담이자 짐이 아닐 수 없다. 애착 육아의 또 다른 말은 엄마의 희생과도 같기 때문이다.

특히 독립적인 삶을 중요하게 여기며 자아실현의 욕구 역시 강한 엄마들에게 애착 육아는 때때로 엄청난 스트레스일 수밖에 없다. 그래서인지 요즘에는 엄마의 편안한 정서와 행복한 삶을 강조하는 '힐링 육아'가 새로운 대안으로 떠오르고 있다. 물론 엄마의 행복 역시 대단히 중요하다. 그러나 엄마가 편한 육아라는 것이, 엄마가 편하다면 아기의 감정이나 욕구들을 무시해도 된다는 의미로 변질되어서는 안 된다.

엄마들의 고단함을 알면서도 애착으로 돌아올 수밖에 없는 이유는 아이에게 보여 주는 엄마의 반응이 실제로 아기의 두뇌 화학 구조를 바꿀 수 있을 만큼 큰 영향을 미치기 때문이다. 충분한 사랑을 받은 아기의 두뇌는 평온함과 기쁨을 주는 호르몬이 활발하게 준비된다. 엄마의 아낌없는 사랑 표현은 아이의 삶에 평생에 걸쳐 곱절의 보상을 안겨 준다. 이 밖에도 애착 연구자들이 발견한 그 풍요로운 보상은 무궁무진하다.

| 더 알아보는 과학 육아 |
사랑은 어떻게 아이의 두뇌를 자라게 하는가

앨런 쇼어, 대니얼 시겔 박사와 같은 신경심리학계의 세계적인 권위자들은 애착 관계에서 분비되는 호르몬(예를 들어 출산이나 모유 수유, 아기를 다정하게 안아 눈빛을 교환할 때 풍부하게 분비되는 호르몬)이 주는 다양한 장점에 대해 설명해 왔다. 이 호르몬들은 말 그대로 아기의 두뇌에 자양분이 되어 주고 감정 조절과 관련한 두뇌중추에 새로운 신경 통로를 구축한다. 출생 이후 이어지는 모든 사랑과 친밀감은 아이를 더욱 사려 깊고 사랑스러우며 자신감 넘치는 사람으로 자랄 수 있게 도와준다. 믿을 만한 대상과의 애착 형성이 없다면, 아기 두뇌의 감정중추는 적절히 발달할 수 없다. 그리고 이러한 영향력은 아이의 두뇌가 가장 빠른 속도로 성장하는 생후 첫 3년 사이에 가장 강력하다.

요즘에는 엄마의 편안한 정서와 행복한 삶을 강조하는
'힐링 육아'가 새로운 대안으로 떠오르고 있다.
물론 엄마의 행복 역시 대단히 중요하다.
그러나 엄마가 편한 육아라는 것이, 엄마가 편하다면
아기의 감정이나 욕구들을 무시해도 된다는 의미로 변질되어서는 안 된다.

물론 애착이 아이에게 해줄 전부이자 만병통치약은 아니다. 하지만 세상의 아픔에 맞서고 다른 사람과 유연한 관계를 형성하며 자존감 강한 아이로 자라는 기반을 다져 줄 수 있다.

애착의 탄생

처음부터 애착 육아가 사람들에게 큰 호응을 얻었던 것은 아니다. 그렇다면 애착 육아는 언제부터 주목받게 된 것일까?

버지니아 대학교 발달심리학과 교수가 된 메리 에인스워스와 영국 타비스톡 병원 부원장이자 세계보건기구 정신건강 자문위원인 정신분석가 존 보울비는 아기가 어떻게 엄마와 애착을 형성하는가에 관해 연구를 시작했고, 그 결과 영유아기 이해에 대한 혁명이 일어났다.

보울비와 에인스워스는 부모가 아기에게 보이는 행동이 아기에게 엄청난 영향을 미칠 뿐 아니라 그 영향이 평생 동안 이어진다는 '발견'으로 세상을 뒤흔들어 놓았다.

보울비와 에인스워스의 뒤를 따라 전 세계에서 후속 연구가 줄을 이었다. 그렇게 구축된 오늘날 애착 이론은 영유아기 발달에 관한 연구에서 빠질 수 없는 사항이 되었고, 아기에 대한 이해를 완전히 바꿔 놓았다.

그리고 양육에 관해 다양한 저서를 남긴 의학 박사 윌리엄 시어스와 그의 부인 마사 시어스는 처음으로 애착에 대한 지식을 실천적인 방식으로 해석해 냈다. '애착 육아'라는 용어를 처음 만들어 낸 것도 이들이다. 시어스 박사 부부의 저서는 대중적 인기를 끌었고, 그 영향은 다른 양육서들에게로 퍼져 나갔다.

과거 수십 년간의 연구를 통해 부모는 영유아기의 중요성에 대해 훨씬 많은 사실들을 알게 되었다. 오늘날 애착의 중요성과 긍정적인 역할에 대해 더 많은 아동발달 전문가들이 동의하고 있으며, 생후 첫 3년이 인생에서 가장 섬세한 애착 형성기라고 입을 모아 말한다. 그만큼 아기의 첫 3년 동안은 부모의 역할이 중요하다는 뜻이다. 다음은 애착에 대한 연구 결과이다.

- 아기는 유전적으로 부모나 부모 역할을 하는 사람에게 애착을 추구한다. 아기의 감정적 안정감은 이 유대의 힘에 달렸다.
- 애착의 질은 양육자의 반응성, 신뢰성, 애정에 기초한다.
- 질 낮은 애착은 아기의 감정과 태도, 행동에 장기적으로 부정적인 영향을 미칠 수 있다. 또한 애착의 심각한 결핍은 심리적·사회적으로 심각한 문제를 낳을 수 있다.
- 영유아기의 건강한 애착은 행복한 미래와 애정 어린 인간관계를 좌우한다.

부모와 안정적인 애착을 형성한 아이는 다음과 같은 경향을 보인다.

- 역경에 대한 회복력이 뛰어나고 스트레스에 유연하게 대처한다.
- 인간관계가 원만하다.
- 높은 자존감을 가진다.
- 마음이 건강하다.
- 지능이 높다.
- 문제 행동이 적다.
- 훈육 시 어려움이 적다.
- 부모로부터의 독립을 두려워하지 않는다.

직장맘의 애착 육아

애착에 대한 관심이 높아진 것은 우리 사회 구조가 핵가족화로 바뀌면서부터이다. 육아가 전적으로 엄마 한 사람의 몫이 되자 어린이집, 베이비시터 등의 대리 양육자에게 아이를 맡기는 경우 역시 늘어나게 되었다. 이는 고스란히 엄마들에게 죄책감이 되었고, 애착 육아에 집착하게 만들었다. 특히 직장에 다니는 엄마들은 그 고민이 더 심할 수밖에 없다. 아이를 아주 어렸을 때부터 남의 손에 맡겨야 하기 때문이다.

아이가 아주 무섭거나 고통스러운 경험을 하면 스트레스 호르몬인 코르티솔이 분비된다. 그 스트레스 정도에 따라 코르티솔 분비양도 달라지는데, 유대감을 형성한 사람과의 분리는 정점의 코르티솔 분비를 야기한다.

아기는 6개월 정도가 되면 누가 자신의 부모이고 아닌지 확실하게 인지한다. 본능적으로 부모를 알아보고 낯선 사람을 불편해했던 상태에서 발전해 낯선 사람이나 유대감이 적은 사람이 자신을 안으면 강한 거부 반응을 보인다. 이런 분리 불안은 6개월 후부터 서서히 증가하다 12개월 무렵 절정에 달한다.

그런데 이 분리 불안이 걸음마기18~36개월까지 이어지는 아이들도 있다. 심지어 성인기까지 이어져 질투심과 소유욕, 의존 등의 형태로 드러나기도 한다. 영아기에 안전하고 안정적인 느낌을 일관되게 받지 못한 아기는 타인의 관심에 집착하거나 불안해하고 의심 많은 아이로 자랄 수 있다. 또는 부모나 교사에게 반항적이며 또래를 괴롭히는 아이가 되기도 한다. 어른들의 눈살을 찌푸리게 하는 이런 행동들은 아이도 모르는 사이에 무시당했거나 버림받았던 감정이 일으킨 저항이다. 즉 아이의 이런 문제 행동은 자신의 세상을 더욱 안전하게 만들기 위한 뒤늦은 구조 요청인 셈이다.

분리는 아기가 겪는 가장 고통스럽고 두려운 일이다. 분리가 반복되면 안정감에 심각한 타격이 발생한다. 사랑하는 사람과 분리될 때 아기는 주로 분노와 상실감, 공포를 느낀다. 그러다 시간이 지나면 어떤 아기는 체념하고 감정적으로 무너지면서 무감각 상태에 빠지기도 한다.

사랑하는 사람에게서 분리된 아기는 코르티솔 수치가 폭등하는데, 이때 믿을 수 있는 사람이 온정으로 달래 주면 아기의 몸은 남은 코르티솔을 재흡수한다. 그러나 분리 불안을 겪고 있는 두려운 상황에서 믿을 만한 어른이 달래 주지 못한다면 코르티솔 수치는 계속 높은 상태를 유지한다. 이 상태가 오래 지속되면 높아진 코르티솔이 두뇌 세포를 파괴하고 아기 두뇌의 감정중추를 침식한다. 이런 일이 반복되면 아기의 감수성에 부정적이고 장기적인 영향을 미칠 수 있다.

이러한 분리 불안은 왜 생기는 걸까? 아기는 부모에게서 떨어지면 불안감을 느끼게 진화해 왔다. 분리 불안은 전 세계 모든 아기에게 공통적으로 나타난다. 아기가 낯선 사람을 보고 불안해하는 것은 건강하고 자연스러운 본능이다. 게다가 18개월이 아직 안 된 아기의 두뇌는 몹시 미숙해 엄마가 다시 돌아올 거라고 생각하지 못한다. 그렇기 때문에 분리를 더욱 두려워하는 것이다.

이때 부모가 아기의 분리 불안을 얼마나 진지하게 받아들이느냐에 따라 아기의 감정적 안정감이 좌우된다. 따라서 부모는 분리 시 아기가 느끼는 놀라움과 두려움을 액면 그대로 받아들여야 하며 분리를 강요해서는 안 된다.

그렇다고 너무 걱정할 필요는 없다. 사실 위의 설명에는 그 해결책도 함께 담겨 있다. 엄마와의 분리는 아기에게 커다란 스트레스가 되지만, 아기와 유대 관계를 형성한 또 다른 존재를 통해 이 스트레스는 얼마든지 완화시킬 수 있다. 엄마만이 아기의 유일한 애착 대상이 아니라는 것이다. 그럼에도 불구하고 직장맘의 고민이 해결되지 않는 것은, 이를 대신해 줄 대상의 부재 때문일 것이다.

어디까지가 애착이고, 어디부터가 응석일까?

 아기의 요구에 대한 부모의 입장은 크게 두 가지로 나뉜다. 되도록 빨리, 일관성 있게 반응해 줘야 한다는 의견에 반하여, 아기에게 필요한 것은 무한한 애정이 아닌 절제와 조절력이라는 의견 또한 팽팽하다.

 그러나 생후 첫 몇 달은 아기가 세상의 중심이 되어도 아깝지 않은 시기이다. 아기 등에 바닥 인지 센서가 달릴까 봐 안아 주고 싶은 것을 참지는 말라는 뜻이다. 이 시기 가장 중요한 것은 엄마와 아기의 건강한 유대를 통한 애착 형성이다.

 이 시기의 아기는 자신에게 무엇이 필요한지 세상 어떤 전문가보다 더 잘 알고 있다. 아기가 안아 달라, 놀아 달라, 먹여 달라, 기저귀를 갈아 달라 요구한다면 부모는 즉각적으로 반응해야 한다. 그 요구에 얼마나 빨리, 얼마나 따뜻하게 반응했느냐에 따라 아기와의 유대가 결정된다.

 아기는 기다릴 줄 모른다. 무시당하거나 부정당할 때 대응할 능력이 없다. 무엇보다 요구가 제대로 충족되어 온 아기일수록 자라면서 만족을 지연하고 참아내는 능력이 뛰어나다.

그렇다면 이 시기 아기에게 감정적 안정감을 주기 위해서는 어떻게 해야 할까? 아이의 마음속을 들여다보자.

- 아기는 모든 것을 느낀다. 고통, 즐거움, 기쁨, 슬픔 등을 어른보다 훨씬 더 강렬하게 느낀다. 모든 근육이 긴장하고 진동하는 등 온몸으로 감정을 느낀다.
- 아기는 거짓말을 할 수 없다. 어른처럼 거짓으로 그런 척할 수도 없다. 보이는 대로 이해하면 된다. 즉 감정적으로 완벽하게 솔직하다.
- 아기는 미리 계획을 세우거나 생각할 수 없다. 오직 반응할 뿐이다. 세심하게 공을 들여 선택할 수도 없다.
- 아기는 누구에게 영향력을 행사하거나 조종할 수 없다. 그저 감정을 드러낼 뿐이다. 그것도 일부러 그러는 것이 아니라 어쩔 수 없이 드러나는 것이다.
- 아기는 시간을 이해할 수 없기 때문에 기다리는 동안 그 요구가 절대 충족되지 않을 것처럼 느낀다.
- 아기는 스스로 진정할 능력이 거의 없다. 엄지를 빠는 것 외에 딱히 방법이 없다. 완전히 의존적이다. 따라서 아기 스스로 울음을 그치기를 바라는 건 적절하지 못하다. 스스로 진정하는 법을 배우려면 조금 더 커야 한다. 그것도 그동안 양육자가 얼마나 잘 달래 주었느냐에 따라 달라

―――― 이 시기의 아기는 자신에게 무엇이 필요한지
세상 어떤 전문가보다 더 잘 알고 있다.

진다. 우는 아기를 일관성 있게 달래 주어야 나중에 아이 스스로 감정을 다스릴 수 있게 된다. 아기 때 지지를 많이 받을수록 더 강하고 독립적인 아이로 자란다.

- 아기는 고통이나 슬픔에 대한 방어력이 약하다. '싸우거나 달아나거나' 하는 반응을 할 수 없다. 압도적인 슬픔을 느끼면 그저 '얼어붙거나' 모든 것을 '포기하는' 반응밖에 할 수 없다. 그만큼 아기가 무감각해진다는 뜻이다. 포기하는 것이 습관화되면 이후 자신의 감정에 무감각한 사람이 된다. 심리학자들은 이를 두고 '학습된 무기력'이라고 부른다.
- 아기가 손을 내밀었을 때 반드시 반응이 온다는 것을 배우면 의사소통 능력이 강해지고 다른 사람과 더욱 원활한 관계를 맺을 수 있다.

아기를 '입고' 다녀라

아기는 유전적으로 엄마와 스킨십을 하며 가까이 있고 싶어한다. 아기의 안기고 싶은 요구는 끝이 없다. 아기는 엄마 품에 안겨 있을 때 느껴지는 몸의 온기와 엄마의 일정한 호흡과 심장 박동 그리고 엄마 품에서 바라보는 세상을 좋아한다. 부모가 많이 안아 준 아기일수록 훨씬 덜 울고 더 즐거워하며 눈에 띄게 평온해한다.

그러니 아기를 입고 다닌다는 생각으로 자주 안아 주자. 슬링이나 아기 띠를 사용하면 아기를 안은 채로 일상적인 활동도 할 수 있다. 엄마가 움직이거나 걸을 때 느껴지는 흔들림과 덜컹거림은 아기에게 편안함을 안겨 주는 진정 효과가 있다. 또 엄마가 자신의 곁에 내내 있어 주기에 안정감과 평온함을 느낀다.

아기 띠보다는 슬링을 더욱 추천하고 싶은데, 슬링은 아기의 등을 자연스러운 굴곡대로 감싸 주고 아기 머리를 지탱해 주며 아기가 고개를 조금만 돌려도 엄마와 주변 세상을 볼 수 있기 때문에 장점이 많다. 모유 수유를 할 때도 아기의 몸이 바로 엄마 몸을 향하는 아기 띠보다 한쪽 어깨에 비스듬히 눕히듯 안는 슬링이 훨씬 편안하다. 이에 비해 똑바로 앉은 자세로 아기를 안게 되어 있는 아기 띠는 척추가 미처 발달하지 않은 아기에게는 무리가 갈 수 있다. 또 다리까지 받쳐 주지 못하기 때문에 허공에 매달려 있게 되고, 간혹 머리를 받쳐 주지 못해 머리가 꺾이기도 한다. 아기의 시선도 위치에 따라 엄마 가슴 혹은 엄마 앞쪽에 한정되므로 아기에게 선택권이 별로 없다.

사실 아기를 안아 주는 것은 엄마에게도 좋다. 아기를 안고 있다 보면 굉장히 평화롭고 만족스러운 기분에 휩싸이게 된다. 아기와의 스킨십은 엄마와 아기 사이의 몸의 언어이다. 아기를 안는 엄마의 손길은 아기에게 "엄마가 옆에 있단다. 그러니 넌 안전하고 무사해." 등의 말을 건넨다. 이러한 몸의 언어를 아기는 몸으로 기억해 두게 된다.

이 시점에서 이런 의문이 들 것이다. 과연 아기를 얼마나 자주, 얼마나 오래 안아 주는 게 좋을까? 언제쯤 혼자 놀게 내려 놔도 괜찮을까? 궁금하다면 아기에게 물어봐라. 주의 깊게 지켜보면 알 수 있다. 진심으로 귀를 기울이고 세심하게 관찰하면 아기가 언제 안기는 걸 더 좋아하는지, 언제 따뜻하고 안락한 바닥에 누워 공중을 향해 발길질하는 걸 더 좋아하는지, 언제 바닥에 앉아서 놀거나 돌아다니며 기는 연습을 하고 싶은지 알 수 있다. 아기가 엄마 곁에서 떨어져 혼자 바닥에 누운 채 만족스럽게 옹알이를 하는 시간이 이어진다면 자신을 바닥에 내려놓아도 된다는 뜻이다.

물론 아기에 따라 하루 종일 엄마 몸에 붙어서 지내고 싶어하는 경우도 있다. 잠시만 내려놓아도 숨넘어갈 듯 울어 대기 때문에 마냥 사랑스러웠던 아기도 원망스러워지고 온몸에서 파스 냄새가 가실 날이 없을지도 모른다. 하지만 이런 아기들은 지금 당장 너무 고생스럽더라도 안아서 키워야 한다. 일정 시기가 지나면 언제 그랬냐는 듯 엄마 품에서 벗어나는 시기가 찾아온다. 그리고 고통의 시간은 엄청난 보상으로 돌아올 것이다.

아기의 울음에 현명하게 대처하는 법

울음은 아기의 주된 의사소통 수단이자, 신체에 쌓인 스트레스를 해소하고 신경계의 균형을 회복하는 가장 자연스러운 수단이다.

아기가 울면 엄마는 당황하기 쉽다. 아기의 울음소리만큼 익숙해지지 않는 것도 없을 것이다. 우는 아기를 잘 달래기 위해서는 엄마의 감정이 먼저 안정되고 평온해야 한다. 아기는 엄마의 기분에 매우 민감하다. 엄마의 말투, 호흡, 표정, 눈빛으로 엄마의 심리 상태를 읽는다. 그래서 엄마가 몹시 스트레스를 받는 상황에서는 아기를 달래기가 더욱 힘들다.

아기가 쉽게 울음을 그치지 않는다고 화를 내거나 짜증 내서는 안 된다. 마음을 먹는다고 감정이 바로 차분해지는 사람은 거의 없지 않은가. 아기의 울음에 민감하고 즉각적으로 반응해 줄수록 아기는 더욱 쉽게 달래진다. 또 그런 아기는 자랄수록 스스로 감정을 잘 다스릴 수 있게 된다.

그렇다고 해서 매번 신속하게 대응해 줄 수는 없는 법이다. 볼일을 보고 있을 때는 어쩔 수 없이 아기를 기다리게 해야 한다. 그래도 괜찮다. 이후 아기의 감정을 충분히 어루만져 줄 수 있다면 전혀 문제가 되지 않는다. 아기가 내는 모든 소리에 펄쩍 뛸 필요는 없다. 느긋하게 반응해라. 유대감이 형성된 아기는 좌절감을 느끼기에 앞서 기다리는 힘을 기르게 될 것이다.

때론 아무리 어르고 달래도 아기가 울음을 그치지 않을 때가 있다. 그럴 때 역시 당황하지 마라. 아픈 것도, 배고픈 것도, 기저귀가 불편한 것도 아닌데도 울음을 멈추지 않는다면, 그저 엄마 품에 안겨 있고 싶어서일 수도 있다. 울면서 온종일 쌓인 스트레스와 주변 사람에게서 받은 스트레스를 풀고 있을지도 모른다. 그럴 때는 그냥 아기를 따뜻하게 안고 울게 놔둬라.

감정의 핵심 영양소

아기에게 엄마와의 접촉은 사람 몸에 꼭 필요한 단백질처럼 균형 잡힌 감정 상태가 되는 데 꼭 필요한 핵심 영양소이다. 특히 스킨십은 아기에게 정서적 안정감을 주는 동시에 사랑받고 있는 느낌을 선사한다. 엄마의 품에 포근하게 안겨 있을 때 아기의 몸에서 분비되는 호르몬이야말로 스킨십의 효과를 여실히 증명해 준다. 옥시토신과 같은 이 호르몬들은 아기의 행복을 측정하는 척도이다. 그만큼 많은 시간을 엄마의 품에 안겨 지낸 아기는 눈에 띄게 행복해하며 평온함을 느낀다.

엄마마다 아기를 안고 쓰다듬는 방식이 다른데, 엄마의 터치는 아기에게 엄마의 마음을 그대로 전달해 주는 전령이다. 마사지는 아주 좋은 스킨십의 방법이다. 아기의 면역력과 소화력을 향상시키고 몸에 쌓인 스트레스를 배출시켜 마음을 진정시키는 효과가 있다.

엄마와 아기의 접촉은 스킨십만 있는 것이 아니다. 따뜻한 엄마의 눈빛은 아기에게 엄청난 기쁨을 선사한다. 물론 아기와의 눈빛 교환을 오랜 시간 지속할 수는 없다.

훈육은 언제 시작해야 할까?

영아기에 대해 이야기하는 장에서 훈육 이야기가 나와 의아할지도 모르겠다. 자기 몸도 자유자재로 움직이지도 못하는 아이에게 훈육이 필요할까?

사실 아기는 버릇없이 행동하는 게 불가능하다. 아기가 버릇없이 행동할 수 있다는 생각 자체가 한마디로 터무니없다. 아기는 자신의 행동이 어떤 결과를 불러올지 전혀 계산하지 못하기 때문이다. 그러나 아기에게 일찍부터 공감과 배려를 가르치는 것은 매우 좋다. 다른 사람의 말에 귀를 기울일 줄 아는 아이로 키우기 위해서는 아기 때부터 이에 익숙해져야 한다. 유아와 아동, 청소년 심지어 성인의 행동 방식에 가장 강력한 영향을 미치는 것은 아기 때의 안정적인 애착 욕구이다. 따라서 영아기 때야말로 좋은 행동의 기초를 마련할 수 있는 최적의 시기라고 할 수 있다.

이때 배려할 줄 아는 아이로 키우는 가장 효과적이고 손쉬운 방법이 바로 '감정 이입'과 '신속한 반응'이다. 즉 애착 욕구가 충분히 충족될수록 자신과 타인에 대한 경계를 확실히 인지하고 충동적인 반항이나 문제 행동을 일으킬 가능성이 줄어든다. 이를 증명하는 연구가 세계적으로 이루어지기도 했다. 부모와 떨어져 지낸 시간이 많을수록 이후 행동상의 어려움을 겪을 가능성이 크다는 것을 보여 준 연구가 그중 하나이다.

아기의 애착 욕구를 중요하게 여길수록 부모는 이후 아이가 자라면서 문제를 일으킬 확률을 상당 부분 줄일 수 있다. 아이가 일으킨 문제로 고통을 느낄 필요도 없어진다. 즉 아기의 애착 욕구를 세심하게 보살피는 것은 행동이 바른 아이로 키우기 위한 가장 훌륭한 투자 방법이다.

잘 자는 아기를 위한 수면 교육

언제나 잠과의 전쟁을 치르는 아기 엄마들에게 수면 교육은 꿀잠을 보장하는 최고의 수단이 아닐까? 브리스틀 대학교가 실시한 수면에 대한 장기 연구 결과를 보면 생후 6~8개월 아기 중 5시간을 지속적으로 자는 아기는 16퍼센트에 불과했다. 나머지 대부분의 아기가 적어도 한 번은 도중에 깼고, 5퍼센트는 자면서 5번 이상 깨는 모습을 보였다. 이 연구 결과는 밤새 깨지 않고 자는 아기에 대한 이야기는 허황된 사실이며, 아기에게 그러기를 기대하는 것 자체가 불합리하다는 것을 의미한다.

그럼에도 수면 교육에 성공하여 오랜만에 깊은 숙면을 취했다는 주변 엄마들의 이야기는 수면 교육의 환상을 끊임없이 부추긴다. '울리기 기법' 혹은 '퍼버식 수면 교육'이라고 불리는 수면 교육은 아기가 밤에 깨어나 엄마를 찾으며 울어도 즉각 반응하지 않고 몇 분 동안 아기를 울게 내버려 둔 뒤 안아 주는 방법이다. 혼자 잠드는 법을 '배울' 때까지 조금씩 울리는 시간을 늘려 가다 보면 어느 순간부터는 엄마가 달래 주지 않아도 잠이 든다는 것이다.

수면 교육을 하다 가슴이 찢어질 듯 아파서 포기했다는 엄마도 상당히 많다. 사실 아기를 혼자 울게 놔두는 행위는 아기를 공황 상태에 빠뜨리며 스트레스 호르몬 수치를 상승시킨다. 무엇보다 이 방법은 수백만 년간의 진화의 산물을 거스르는 것이나 다름없다. 아기가 생물학적으로 준비를 갖추기도 전에 독립성을 강요하며 아기의 애착 욕구를 무시하는 행위이기 때문이다.

사실 우리는 수면 교육이라는 명분 아래 아기가 부모를 부르며 우는 동안 느낄 두려움과 무기력감, 배신감을 모른 척하고 있는 것이다. 앞서 살펴보았듯이 이 시기 아기는 엄마가 곁을 떠나면 다시 돌아올 것이라고 예상하지 못한다. 한 번 가면 영원히 사라진다고 느끼는 것이다. 아기에게 엄마의 부재는 재앙과도 같다. 이런 일이 반복해서 일어나면 아기 두뇌에 신경 변화가 일어나 스트레스 대처 방식에 부정적인 영향을 미칠 수 있다.

그럼에도 수면 부족의 고통에 시달려 온 엄마들에게 수면 교육은 유일한 해결책이었고, 꽤 오랫동안 양육의 기본으로 여겨져 왔다. 그러나 수면 교육은 엄마와 아기를 일종의 기 싸움으로 내몰 뿐이다. 그 과정 속에서 아기는 심리학자들이 '패배 반응'이라고 부르는 감정을 겪는다. 아기의 두뇌가 패배 반응에 익숙해지면 이는 신경에 각인되고, 이후 스트레스에 직면하게 될 때마다 체념을 전략으로 채택할 가능성이 커진다.

즉 아기의 두뇌에 체념을 프로그래밍 하는 것과 같다.

어떤 아기는 혼자 울다 너무 절박해지면 토하기도 한다. 이런 신체 반응을 보면 얼마나 큰 슬픔을 겪고 있는지 짐작이 갈 것이다. 호주 영유아정신건강학회가 발표한 성명서에는 다음과 같이 수면 교육에 관한 우려가 담겨 있다.

> 호주 영유아정신건강학회는 널리 사용되고 있는 울음 통제 기법이 아기가 최적의 감정적·심리적 건강 상태를 유지하는 것을 방해하며 의도하지 않은 감정적 결과를 낳을 수도 있음에 우려를 표한다.

조사 결과를 보면 수면 교육 성공률은 절반도 차 되지 않는다고 한다. 사실 높은 실패율이 수면 교육의 주된 문제점은 아니다. 우리가 특별히 걱정해야 할 것은 오히려 수면 교육이 '효과를 봤을' 때이다.

아기와 함께 자도 안전할까?

인간은 어둠 속에서 더군다나 잠들어 있을 때 자신을 방어하기 어렵기 때문에 본능적으로 밤이 되면 자신의 한없는 연약함을 깨닫고 불안감을 느끼게 된다. 아기 역시 밤이 되면 더욱더 보호를 바라게 된다. 이런 아기에게 한밤중 분리만큼 큰 공포도 없을 것이다. 즉 혼자 자는 것은 아기의 애착 안정을 위협하는 일이라고 볼 수 있다.

어떤 엄마는 아기와 함께 자다가 실수로 아기에게 해를 끼치지는 않을지 두려워한다. 그러나 실제로 아기와 함께 자는 엄마를 촬영한 비디오 연구 결과를 살펴보면 엄마들은 아기가 자유롭게 호흡하고 체온이 과열되지 않도록 자는 도중에 끊임없이 아기의 자세를 바꿔 주었다. 심지어 자면서도 아기의 이불을 매만지고 조절했다. 본능적으로 함께 자는 법을 터득하고 있는 것이다. 다음 몇 가지 사항만 주의하면 된다.

- 다음의 경우 절대로 아기와 한 침대에서 자지 마라.
  - 술을 마셨을 때
  - 담배를 피웠을 때
  - 약을 복용했을 때
  - 지나치게 피곤할 때

- 아기랑 한 침대에서 잔다면 다음을 조심해라.
  - 매트리스가 단단해야 한다.
  - 아기를 엎드려 재우면 안 된다.
  - 베개와 이불이 아기 머리를 덮지 않도록 주의해야 한다.
  - 엄마 머리카락이 길면 질식의 위험이 있으므로 묶은 채로 자라.

아기와 함께 자면 많은 이점이 있다.

- 아기의 호흡은 생후 첫 몇 주간 매우 불규칙한데, 엄마와 함께 자는 사이 안정된다.
- 아기는 자신의 감각을 통해 엄마를 감지할 수 있을 때 엄마와 교감할 수 있다. 적어도 엄마의 냄새를 맡을 수 있는 거리인 3~4미터 안에 엄마가 있어야 한다.
- 아기는 자면서 엄마의 호흡 소리를 듣거나 바로 옆에 엄마가 있는 것을 인지할 때 안정감을 느낀다.
- 엄마와 함께 잘 때 아기는 체온을 더 잘 조절한다.
- 안전 수칙만 지키면 엄마와 함께 잘 때 영아돌연사증후군의 위험이 줄어든다.
- 엄마 옆에서 잘 때 아기는 오랜 시간 숙면한다.
- 함께 자면 밤중 모유 수유가 늘어나 건강상 이점이 크다.
- 심리적으로 안정된 아기는 돌보기가 훨씬 수월하다.

이 밖에도 캘리포니아 대학교 연구진에 따르면 엄마와 함께 잔 아기가 이후 더 독립적으로 자라며 친구들 사이에서 리더 역할을 하거나 친구와 문제가 생겼을 시 능동적으로 해결하는 경향을 보인다고 한다. 또한 엄마와 함께 자는 아기는 비록 자주 깨더라도 총 수면 시간이 더 길다고 한다.

노터데임 대학교의 부모-아이 수면행동연구소 소장 제임스 맥케나 박사는 아기의 수면에 관한 세계적인 전문가이다. 그의 연구 결과에 의

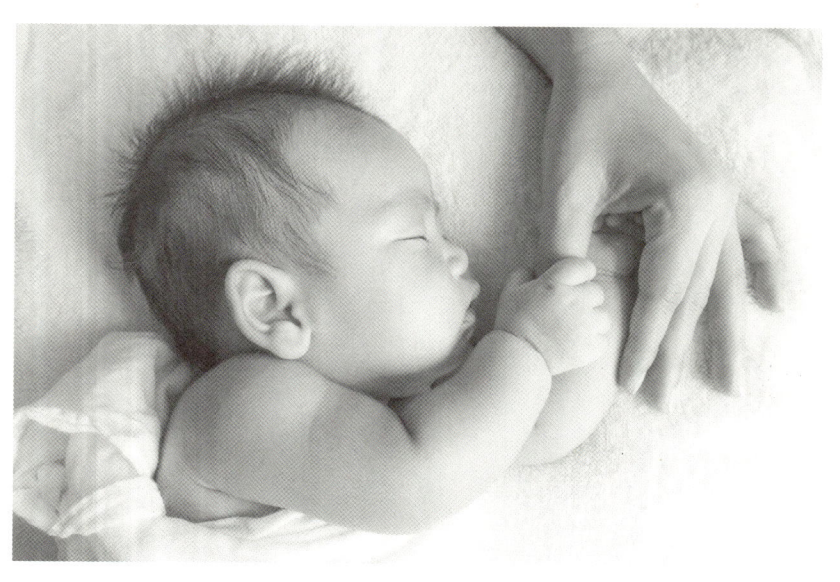

조사 결과를 보면 수면 교육 성공률은
절반도 채 되지 않는다고 한다.
사실 높은 실패율이 수면 교육의 주된 문제점은 아니다.
우리가 특별히 걱정해야 할 것은
오히려 수면 교육이 '효과를 봤을' 때이다.

하면 엄마와 떨어져 자는 아기는 밤중에 더 자주 깨어나고 스트레스 징후도 더 많이 보이는 것으로 드러났다.

맥케나 박사는 수십 년간 비교문화 연구 및 실험을 통해 아기는 생물학적으로 엄마 바로 옆에서 자도록 되어 있다는 결론에 도달했다. 아기가 엄마 옆에서 잘 때 영아돌연사증후군 위험이 절반으로 줄어들고 심지어 5분의 1까지 위험을 예방할 수 있다고 한다.

"왜 아기는 혼자서 자지 못하는 걸까요?" 아기를 재우기 위해 고생해 본 경험이 있는 부모들은 이런 질문을 던진다. 그러면서 특별한 비법이라도 가르쳐 달라고 요청한다. 사실 아기를 빨리 재우는 특별한 방법이 있는 것은 아니다. 그저 안아 주고, 흔들어 주고, 노래를 불러 주는 등 아기에게 안락함과 행복감을 주는 방법밖에는 없다.

그렇다면 언제까지 아기와 함께 자야 하는 것일까? 자연스러움이 관건이다. 아기가 준비되었을 때 따로 재운다면 이 전환기가 고통스러울 이유는 없다. 그러므로 아기를 강제적으로 따로 재우기보다 우선 아기가 자신의 방을 매력적으로 느낄 환경을 만들어 주는 게 먼저이다. 예를 들면 아기 방을 마련해 두고 낮에 규칙적으로 아기 방 침대에서 좋아하는 책을 읽어 줘라. 또 아기 침대가 얼마나 특별한지 이야기해 준다. 그리고 낮잠부터 아기 침대에서 재워 익숙해질 수 있도록 한다. 본격적으로 따로 재우기 시작할 때는 부드러운 야간 조명을 켜 주고, 밤에 깼을 때 원하면 얼마든지 부모 방으로 와도 좋다고 말해 준다. 시간이 걸리겠지만, 아기가 제 방에 머무는 시간이 점점 늘어날 것이다.

모유는 천연 수면제이다

모유를 먹여 아기를 재우면 버릇이 되어 아기가 엄마 젖을 먹지 않고서는 잠이 들지 않는다는 경고를 들어 본 적이 있을 것이다. 그렇지만 이는 낡은 사고방식이다. 다음은 호주 모유수유협회의 말이다.

우리 엄마들은 자체적으로 완벽한 수면 유도제를 갖고 있다. 우리는 그것을 가슴이라 부른다. 모유에는 콜레시스토키닌CCK이라는 놀라운 호르몬이 함유되어 있다. 콜레시스토키닌은 아기와 엄마의 수면을 유도한다. 아기가 젖을 빨면 엄마 몸에 콜레시스토키닌이 분비되어 휴식과 이완을 도와준다. 모유 수유를 하면 나른하고 피곤해진다고 말하는 엄마가 많다. 신생아를 돌보는 것 자체가 모든 엄마에게 힘든 일이기는 하지만 모유 수유가 불러오는 수면은 엄마에게 필요한 휴식의 기회를 안겨 준다.

아기는 엄마 젖을 빨 때 그리고 음식, 특히 지방이 위에 들어올 때 콜레시스토키닌이 분비된다. 콜레시스토키닌의 분비는 두 번 절정에 도달하는데 한 번은 수유 끝에, 또 한 번의 더 큰 절정은 수유 후 30분에서 60분 사이에 일어난다. 아기는 젖을 빨고 잠시 졸았다가 추가 수유를 위해 다시 깨어난다. 이 고지방 수유가 두 번째 콜레시스토키닌의 절정을 일으키며 아기를 더욱 깊은 잠으로 이끈다. 추가 수유는 엄마의 모유 충전에도 좋다.

    모유를 먹여 재우는 것이야말로 가장 자연스러운 수면 유도법이다. 이때 아기는 만족감과 안정감을 느끼고 신뢰를 배운다.

잘 먹는 아기를 위한
모유 수유

　모유 수유는 자연이 이룬 가장 경이로운 성취 중 하나이다. 모유 수유가 엄마와 아기에게, 그리고 사회 전체에 안겨 주는 이점을 밝혀낸 연구가 점점 늘어나고 있다. 아마 모유 수유만큼 아기의 심신 건강의 기반을 다져 주는 방법도 없을 것이다.

　그러나 모유 수유를 권장하는 것은 엄마들을 불편하게 만든다. 심지어 "나도 모유를 안 먹었지만 아무렇지 않은 걸요?" 이렇게 반박하는 사람도 적지 않다. 하루에 담배를 한 갑씩 피우지만 96세까지 장수했다는 이야기처럼 사실 이런 예외는 수도 없이 많다. 흡연과 질병 사이의 관계를 정립하기까지 수십 년이 걸렸다. 오늘날까지도 흡연이 폐암의 직접적인 원인이라는 완벽한 증거는 없지만 그래도 그 상관관계에 대해서는 대부분 인정하고 있다.

　분유 역시 마찬가지이다. 분유가 아이 성장에 미치는 부정적 영향에 대한 완벽한 증거는 나오지 않았다. 단 아무리 좋은 성분이 들어간 분유라 할지라도 모유의 성분을 능가하거나 흉내 낼 수 없다는 사실은 의심할 여지가 없다. 모유 수유는 다음의 질병으로부터 아기를 보호해 준다.

- 세균성 뇌수막염, 호흡기 감염성 질환, 요로 감염을 포함한 다양한 감염성 질환
- 1형 당뇨 2형 당뇨
- 천식
- 설사
- 고콜레스테롤
- 과체중과 비만
- 일부 암(림프종, 백혈병)
- 다양한 행동 문제와 정신 건강상 문제

엄마 역시 모유 수유를 통해 다음과 같은 질병을 예방할 수 있다.

- 유방암
- 난소암
- 골다공증

이뿐만이 아니라 모유 수유를 할 경우 영아사망률은 그렇지 않은 경우에 비해 21퍼센트나 더 낮으며, 영아돌연사증후군 비율도 더 낮다. 모유 수유를 한 아이의 지능이 더 높다는 연구 결과도 있다.

모유 수유가 아기의 면역력을 키워 주고 장기적으로 질병을 예방해 준다는 사실은 이제 널리 인정받고 있다. 이런 상황 속에서 아기뿐 아니라 엄마에게도 큰 심리적 이점을 안겨 준다는 사실이 점점 밝혀지고 있다. 아기가 엄마의 젖을 빨 때 엄마의 몸에서는 사랑의 호르몬인 옥시토신과 베타-엔도르핀이라는 천연 진정제가 나오는데, 이 호르몬들은 모유를 통해 아기에게도 전달되어 행복감과 황홀감을 안겨 준다. 엄마 젖은 말 그대로 생화학적인 사랑의 메신저 역할을 하는 것이다. 엄마 젖을 빠는 규칙적인 행위는 아기의 몸에 오르가슴과 비슷한 황홀감을 불러온다.

모유 수유의 장점을 극대화하기 위해서는 수유를 할 때 엄마의 마음이 편안해야 한다. 모유 수유 중 엄마가 느끼는 감정은 아기에게 중요한 영양분이 된다. 엄마가 즐거운 마음으로 수유를 해야 아기에게 더 많은 기쁨을 안겨 줄 수 있다. 따라서 편안한 분위기와 환경에서 수유를 해야 한다. 편안한 의자에 앉아 음악을 틀어도 좋다. 아기의 눈을 바라보며 대화를 나눠라. 엄마가 편안하고 만족스러운 환경에 있을 때 아기와 깊은 교감을 나눌 수 있다. 이러한 경험은 출생 당시 혹은 그 후 아기가 받은 감정적 스트레스를 치유해 준다. 모유 수유를 단지 아기의 건강과 영양분 섭취를 위한 수단으로만 여겨서는 안 된다. 모유 수유는 기본적으로 엄마와 아기의 감정 건강과 교감의 바탕이 된다.

모유 수유를 하고자 한다면 첫 6개월 동안은 모유만 먹여야 한다. 꼭 정해진 시간이 아니더라도 아기가 배고픈 신호를 보내면 모유를 먹이는 것이 좋다. 그리고 가급적 젖을 떼는 시기는 아기에게 결정권을 줘야 한다. 미국 소아과학회는 적어도 생후 1년까지 모유를 먹일 것을 권하고 있으며 2~3년까지 해도 좋다고 말한다. 일반적으로 세계보건기구와 모유 수유 전문가들은 최소 2년 동안 수유할 것을 권하고 있지만, 언제 중단할 것인지는 엄마와 아기 두 사람에게 달렸다.

모유 수유는 언제나 계획대로 이루어지지 않는 법이다. 모유 수유가 불가능하거나 지나치게 일찍 젖을 떼야 할 때도 있다. 모유가 충분히 나오지 않거나 직장에 복귀해야 할 경우가 그런 때이다. 모유 수유가 불가능하다고 해서 모든 것을 잃는 것은 아니다. 신경과학자들은 살과 살이 맞닿는 직접적인 접촉으로 아기를 안아 주고 사랑이 담긴 눈길로 아기와 눈을 마주치는 등의 노력으로 사랑의 호르몬 수치를 높일 수 있다고 말한다. 이를 통해 분유 수유 시에도 아기에게 감정적인 자양분과 사랑을 전해 줄 수 있다는 것이다. 따라서 모유 수유가 자연이 마련한 마지막 기회라고 여길 필요는 없다. 모유 수유가 불가능하더라도 아이가 자라는 동안 친밀하고 애정 어린 유대를 형성해 나갈 기회는 무궁무진하다.

모유 수유가 어려워지는 이유

　모유 수유를 적극 권장하기 위해서는 사회가 개선해야 할 점이 아직 많다. 모유 수유를 향한 사람들의 불편한 시선을 이겨 내려면 말 그대로 얼굴이 두꺼워야 한다. 이는 엄마들에게 심리적 압박이 되어 모유 수유를 방해하는 요인이 되곤 한다.

　또한 엄마가 아기였을 때 어떤 애착을 형성했는지도 모유 수유에 영향을 준다. 어린 시절 받은 상처가 자신에게 의존하는 아기에게 반발심을 느끼게 하고 친밀감을 방해하곤 한다. 그러니 아기에게 모유를 먹일 생각을 하면 자신도 모르게 기분이 나빠지거나 짜증이 난다고 해서 죄책감을 느낄 필요는 없다. 사실을 있는 그대로 받아들이고 믿을 수 있는 사람에게 감정을 털어놓고 이해와 온정을 구해라. 최소한 그 감정을 글로 적기만 해봐도 감정 배출에 도움이 된다. 그럼에도 도저히 해결이 되지 않는다면 상담사나 심리치료사와의 상담을 고려해 볼 필요가 있다.

엄마이기 때문에 당연한 감정들

지금까지 아기가 느끼는 감정들이 아이 성장에 어떤 영향을 미치는지에 대해 살펴보며, 엄마의 역할에 대해 강조해 왔고 강요해 온 듯한 느낌이 든다.

사실 엄마들을 만나 보면 많은 엄마가 "내가 사라진 것만 같아요." "감정이 내 마음대로 안 돼요. 하루에도 몇 번씩 감정이 오락가락해요." 등의 하소연을 한다.

매일 쳇바퀴처럼 반복되며 영원히 끝나지 않을 것 같은 양육은 엄마에게 좌절감과 분노를 불러일으키곤 한다. 때로는 마냥 사랑스럽기만 할 것 같던 아기에게 화가 나고 원망의 마음이 들기도 한다. '엄마라는 사람이 어떻게?'라고 생각하는가? 이것은 엄마이기 때문에 느끼는 당연한 감정이다. 그만큼 양육은 상상을 초월할 만큼 힘들다.

아기와 하루 종일 부대끼며 지내다 보면 엄마들은 스스로 쓸모없는 사람처럼 느껴져 한없이 우울해지곤 한다. 날씬했던 몸매는 망가지고, 개인적인 생활이 송두리째 사라지기 때문이다. 게다가 살면서 이렇게 많은 배설물을 본 적도 없다. 시도 때도 없이 기저귀를 갈고 때때로 똥 세례, 오줌 세례, 토 세례를 받곤 한다. 잠도 규칙적으로 못 자고, 먹을 것도 제때 먹지 못하는 나날들, 하지만 "엄마니까."란 한마디로 애써 참아야 한다. 그렇다고 그 노고를 인정받는 것도 아니다. 그런데도 화가 안 난다고?

엄마들은 이런 감정이 드는 사실 자체를 부끄럽고 끔찍해한다. 그래서 많은 엄마가 분노를 억누른다. 양육에 대해 부정적인 감정들을 느낄 때마다 내면의 경찰이 호루라기를 분다. "저렇게 아름답고 무기력한 어린 생명을 향해 어떻게 화를 낼 수가 있지?" "나는 대체 무슨 괴물이란 말인가?" 엄마는 화를 땅속 깊숙이 묻어 버린다. 그러나 감정을 억누를수록 피로는 가중된다. 화를 억누르려면 많은 에너지가 필요하다. 무엇보다 가장 안 좋은 점은 나중에 화가 더 강하게 분출될 수 있다는 것이다.

이처럼 사랑에 대한 강요는 안 그래도 양육에 지친 엄마들에게 또 하나의 스트레스 요인이 된다. 무엇보다 양육에서 가장 중요한 것은 '엄마의 감정'이라는 사실을 잊지 말아야 한다. 그러면 보다 즐겁게 양육에 임할 수 있다.

분노를 자꾸 억누르면 악순환으로 돌아온다. 엄마는 화를 느낄 때마다 죄책감과 수치심을 느낀다. 주위를 둘러보면 자신만 빼고 남들은 다

잘해 나가는 것처럼 보인다. 그럴수록 수치심은 더욱 커지고 진짜 감정을 더 깊숙이 묻게 된다.

어느 정도의 좌절감과 화는 너무나 정상적인 반응이다. 화를 느껴도 괜찮다. 건강한 징조이다. 그러나 좌절감이 아기 탓이라고 생각하는 것은 좋지 않다. 당연한 감정인 화도 아기를 탓하는 순간 아기와 자신에게 독이 되기 시작한다.

그렇다면 화를 어떻게 다뤄야 할까? 먼저 스스로 화가 난 사실을 인정해야 한다. 화가 나지 않은 척하면 화를 해결하기 위해 할 수 있는 방법이 전혀 없다.

다음으로 화를 표현할 수 있는 안전한 곳을 찾아야 한다. 엄마는 누구나 쓰레기통을 발로 차고 접시를 깨뜨리고 샌드백을 때리고 베개에 대고 비명을 지를 수 있는, 다시 말해 누구도 다치지 않는 상태에서 화의 무게를 내려놓을 수 있는 안전한 장소가 필요하다. 또 섣부른 비판이나 조언으로 마음을 불편하게 하지 않을 친한 친구에게 기대어 우는 것도 좋은 방법이다. 그리고 언젠가는 그 친구에게 어깨를 빌려 줘라.

화는 치유의 원동력이 될 수도 있다. 화를 표출하고 나면 활기가 생긴다. 화는 비난의 대상이 아니다. 화를 억누르다 보면 그것이 과격한 비난과 폭력으로 이어지게 된다.

엄마로서 어떤 좌절감을 느끼든지 그 감정과 아기를 분리해 생각할 수만 있다면, 스스로 안전하게 화를 표현할 자유를 얻을 수 있다. 화는 참는다고 사라지는 것이 아니다. 완전히 배출하고 나서야 감정적으로 회복할 수 있다. 그래야 사랑의 감정도 되살아난다. 분노의 감정은 아기의 사랑스러움을 볼 수 없게 엄마의 눈을 멀게 한다. 화의 감정을 완전히 표출하고 필요한 지지를 받다 보면 다시 가슴속에 사랑의 감정이 가득 채워지고 아기 곁으로 되돌아가는 자신을 느끼게 될 것이다.

때때로 이 화의 감정은 어린 시절에 받은 상처로 인해 촉발된다. 아기와의 어떤 경험이 상처로 남은 옛 감정 기억을 건드린 탓이다. 이 경우에는 적극적 상담과 치료를 통해 양육의 부담을 내려놓고 동시에 자신을 치유하는 방법을 찾아야 한다.

아기는 엄마의 관심과 사랑을 먹고 자란다. 엄마가 아기에게 긍정적인 에너지를 전해 주기 위해서는 엄마가 행복해야 한다는 사실을 명심하자. 스위치를 켜면 바로 불이 들어오듯 마음을 먹는다고 갑자기 행복해지고 차분해지지는 않는다. 엄마가 스스로 자신의 감정을 잘 돌보고 주변 사람들과 좋은 관계를 맺을 때 행복과 평안이 찾아오는 것이다. 배우자의 지지, 주변 가족 간의 관계가 매우 중요한 것도 이 때문이다.

육아는 신속 서비스가 아니다

아기를 돌보는 일은 두려운 책임감을 동반한다. 내 손에 아이의 미래가 달렸다니 얼마나 큰 책임감이 짓누르겠는가. 특히 아기의 욕구를 즉

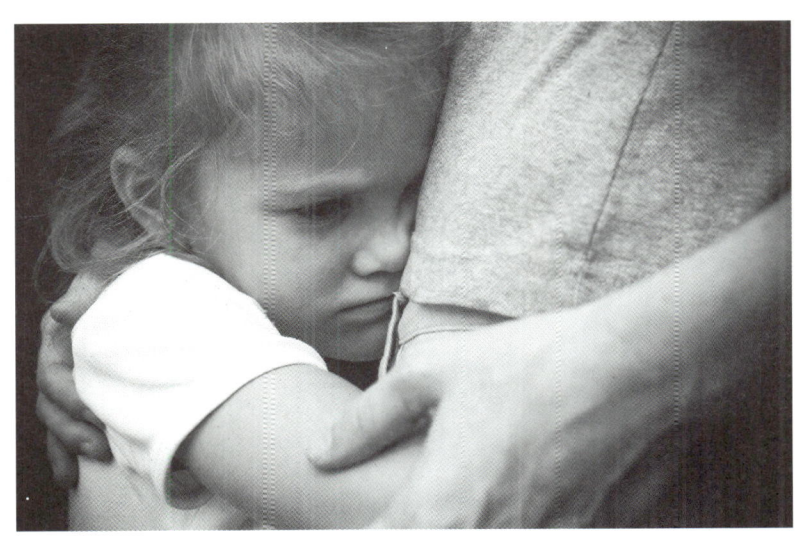

어느 정도의 좌절감과 화는
너무나 정상적인 반응이다.
당연한 감정인 화도 아기를 탓하는 순간
아기와 자신에게 독이 되기 시작한다.

시 해결해 줘야 아기가 안정감을 느끼고 애착 형성에 좋다는 조언들은 엄마의 목을 죄어 온다.

"아기가 자는 동안 잠시 샤워를 하는데 그 사이에 아기가 깨어나 울면 어떻게 하죠? 제가 아기 울음소리를 못 들으면요? 아기가 심리적으로 상처를 받으면 어떡해요?"

이런 일은 어느 집에서나 종종 일어난다. 당연히 아무리 엄마를 울며 찾아도 엄마가 오지 않는다면 아기는 두려움을 느낄 것이다. 그러나 그 후 충분히 아기를 달래 주고 진정시키면 아기도 이해한다. 아기가 상처를 받는 순간은 이런 일이 반복적으로 자주 일어날 때이다. 이 경우 아기는 체념을 습득하게 된다. 엄마가 가장 걱정해야 하는 일이란 바로 이것이다.

호주 영유아정신건강학회는 이에 대해 다음과 같이 말한다.

아기는 우발적이거나 우연한 반응의 지체(예를 들면 교통체증에 걸린 상황에서 차 안이 답답해진 아기가 울 때)에 대응할 수 있을 정도로 충분히 회복력을 갖추고 있다.

이런 회복력은 아기의 성장에 따라 점점 증가하며, 정상적인 수준의 지체는 이후 달래 주고 안심시켜 주면 얼마든지 치유할 수 있다. 아기는 누군가 자신의 감정에 귀를 기울여 주고 인정해 주면 회복된다.

엄마가 어떤 일로 스트레스를 받고 있거나 배우자와의 갈등으로 마음이 울적할 때면 아기 역시 예민해지곤 한다. 아기는 엄마가 감정적으로 스트레스를 받고 있을 때 이를 감지하고 함께 불안감을 느낀다. 아기는 자신의 전부나 다름없는 엄마의 감정에 예민하게 반응할 수밖에 없다. 그러므로 엄마의 기분이 좀처럼 나아지지 않고 자꾸만 몸이 처지고 지친다면, 휴식과 위로가 필요하다는 신호임을 감지해야 한다. 배우자가 되었든, 아이의 조부모가 되었든, 믿을 만한 친구가 되었든 다른 사람에게 바통을 넘기고 잠시 육아 휴직을 선언해야 한다.

이 말이 엄마가 감정적으로 동요할 때마다 아기에게 악영향을 미친다는 뜻이 아니다. 아기를 보다 잘 돌보고 만족시키기 위해서는 엄마의 감정을 먼저 보살피는 게 가장 좋은 방법이라는 뜻이다. 다시 말해 부부가 함께 마음을 열고 가족과 지인들의 도움을 받아 서로를 보살피는 자세가 필요하다는 말이다.

때때로 나에게 의지하는 아기에게 짜증이 난다면

부모라도 아기의 울음이 짜증스럽고 불쾌하게 느껴질 때가 있다. 일부 아기를 향해 느끼는 감정은 부모가 아기였을 때 받은 대우와 많은 관계가 있다고 말해 왔다. 부모가 아기였을 때 고통스러운 경험을 한 적이 있다면 아기의 울음을 들었을 때 당시에 느꼈던 절망, 외로움, 분노의 감정 기억이 되살아날 수 있다. 이런 경우에 대해 지금부터 이야기해 보고

자 한다.

어떤 부모는 자신을 향해 끊임없이 사랑과 관심을 표하는 아기에게 극심한 짜증을 느끼곤 한다. 이런 경우 자신이 아기였을 때 받은 슬픔과 분노의 감정이 꾹꾹 눌러진 채 자신 안에 머물고 있을 수 있다. 눈앞에서 자신은 한 번도 받아 보지 못한 안락과 관심을 요구하며 바락바락 악을 쓰고 있으니 당연히 아기의 요구가 부담스럽게 느껴질 수밖에 없다. 심한 경우 우울증에 걸릴 수도 있다.

또 아기의 감정을 이해하거나 달래 주지 못하는 부모도 있다. 부모 자질이 없는 것도, 원래 나쁜 부모라서도 아니다. 어린 시절 누구에게도 위안을 받아 본 적이 없거나, 혹은 아주 어렸을 때 사랑의 유대가 깨져 버렸기 때문이다. 자책은 아무 도움이 안 된다. 부모로서 길을 잃은 것 같다면, 우선 자신이 어렸을 때 어떻게 자랐는지를 돌아보고, 온정과 치유의 손을 내밀어야 한다.

"아기가 엄마를 부려 먹는다." "제 고집대로 하려고 한다."며 아기를 비난하는 소리는 듣는 사람으로 하여금 마음이 몹시 불편해지게 만든다. '조종하는 아기'라는 생각은 망상이다. 아기는 꾀를 쓰기는커녕 미리 결정을 내릴 수도 계획을 세울 수도 없다. 말 그대로 무력하다. 지나치게 스트레스를 받아 피곤하고 예민해지면 흐려진 눈으로 아기를 바라보게 된다. 이런 감정이 아기에게 투사되면 아기가 사랑스럽게 느껴지지 않는다.

양육이 엄청난 심리적 부담으로 느껴질 때, 아기가 미워지고 심지어 분노가 느껴질 때는 아직 해결되지 못한 어떤 문제의 감정 기억이 자극 당해서일 수 있음을 기억하자. 이를 자신을 치유할 좋은 기회로 삼자. 이런 순간이 찾아오면 자신에게 질문을 던져야 한다. 나는 정말로 누구에게 화가 났는가? 덫에 걸린 듯한 기분을 안겨 준 사람은 누구인가? 감정적으로 고갈되게 만든 사람은 누구인가? 이런 질문을 하는 사이 감정의 원인을 깨닫게 될 수 있다.

이런 과정을 거쳐 감정을 제대로 배출해야 다시 사랑이 깃든 눈길로 아기를 바라볼 수 있게 되고 스스로 자유로워질 수 있다. 내면에서부터 아기의 관점을 이해할 수 있어야 왜곡된 투사가 사라진다. 그러려면 아기로 산다는 게 어떤 느낌인지 기억하거나 그 느낌을 이해할 수 있어야 한다. 감정 기억은 감정 이입을 도와주고 또 아기에게 무엇이 필요한지 알려 주는 내면의 지혜이다.

부모의 인권 선언

양육은 부모의 감정 기억을 자극한다고 반복해서 말해 왔다. 따라서 아기와 애착을 바탕으로 깊은 유대 관계를 형성하기 위해서는 자신의 부정적인 감정 기억들을 먼저 치료해야 한다. 아기를 키우기 전에 먼저 엄마 자신부터 주변의 지지와 보살핌을 받는다는 느낌을 받을 수 있어야 한다는 것이다.

아기 돌보기는 지금껏 해왔던 일들 가운데 가장 큰 사랑의 위업을 실행에 옮기는 일이다. 아기에게 감정적 자양분을 주고 싶다면 부모가 먼저 감정적인 자양분이 필요하다. 그러기 위해 필요한 부모의 기본 인권은 다음과 같다.

- 배우자의 감정적 지지(배우자가 없다면 다음의 시간들이 더 많이 필요하다.)
- 가족이나 친구의 감정적 지지
- 겨우 몇 분에 불과하더라도 매일 가지는 혼자만의 시간과 여유
- 다른 어른들과의 시간(대화 등)
- 할 수 있는 범위 내에서 혼자서 즐겁게 놀기
- 일광욕, 마사지, 음악 듣기, 자연 속 산책과 같은 즐거운 활동
- 자수, 원예, 독서, 요가와 같은 취미 활동 시간

위의 부모 인권 선언이 비현실적으로 느껴진다면 이는 현재의 양육이 고립되어 있다는 뜻이다.

사실 양육의 기쁨을 천부권이라고 생각하면서 개별적이고 고립된 양육이 기본이라고 생각하는 것이 훨씬 더 비현실적이다. 양육은 공동으로 하는 것이다. 부모와 가족과 공동체가 서로 도와가며 할 때 훨씬 더 아기를 잘 돌볼 수 있다.

아기가 주는 선물

아기가 태어나면 부모는 그동안 한 번도 경험해 본 적 없는 감정의 대홍수를 겪게 된다. 아이가 태어난 후로 한동안 텔레비전 뉴스를 볼 수 없었다고 말하는 부모도 있다. 아기가 생긴 후로는 비극적인 장면이 유난히 마음을 괴롭혀 도저히 볼 수가 없었다는 것이다.

살면서 느껴 보지 못한, 상상도 못한 감정들이 흐르고 넘치는 탓에 당혹스러움을 느낄 수도 있다. 물론 몇 달이 지나면 자연히 감소하는, 부모로서 자연스럽고 건강한 발달 과정이다.

아기가 태어나면 부모는 강력한 호르몬의 변화를 겪는다. 한없이 즐거워지거나 마음이 약해져 눈물이 많아지기도 하고 더욱 다정해지고 애정이 많아진다. 또 예전보다 예민해지고 순발력이 좋아지기도 한다. 이는 자연스러운 변화이다.

많은 부모가 아기가 태어나는 순간 그리고 그 이후 며칠 동안 함께 울고 웃는다. 이 순간만큼은 논리와 이성이 끼어들어서는 안 된다. 비이성적이고 분별없는 사랑의 힘에 굴복당하는 시간이기 때문이다. 이 아름답고 자연스러운 과정을 이성적으로 접근한다면 부모에게도 아기에게도 엄청난 손실이다.

어떤 아빠는 아들이 태어난 순간 벅찬 감정을 이기지 못하고 동네에 있는 가게마다 뛰어 들어가 아기가 태어났다고 외쳤다. 깜짝 놀란 사람들이 손뼉을 치고 환호성을 보내자 그의 기쁨은 더 이상 그만의 기쁨이 아니라 온 동네의 기쁨이 되었다.

　물론 개인에 따라 감정적인 변화가 적은 사람도 있지만, 대부분 마음이 너그러워지는 것을 느낀다. 이런 감정을 적극적으로 받아들여라. 더 좋은 부모가 될 수 있도록 주는 자연의 조화이자, 극심한 경쟁 사회에서 우울하고 메말라 가는 어른에게 아기가 주는 선물이다.

　아기는 우리가 준 것 이상을 우리에게 돌려준다. 딸아이가 아기였을 때 우리는 가끔 아무런 이유 없이 서로 바라보며 웃곤 했다. 아이의 존재는 삶은 원래 기쁘고 즐거운 것이라는 믿음을 심어 주고 우리를 자유롭게 해준다. 우리는 부모가 되어 난생 처음으로 조건 없는 사랑과 보답을 바라지 않은 순수한 베풂이 주는 기쁨을 알게 된다. 우리가 살면서 어디에서 이런 감정을 받겠는가. 아이들은 우리를 보다 좋은 사람이 될 수 있도록 이끈다.

　나이가 들수록 우리는 삶 속에서 스트레스를 받고 실망감을 느끼면서 세상이 원래 지닌 마법과 흥분을 잃어 가는 듯하다. 의무, 책임, 슬픔, 상실, 일상의 책임이 삶을 지치고 지루하게 만든다. 이럴 때 아기의 눈을 들여다보고 아기가 세상을 보는 방식을 들여다보자. 아기의 경외심과 놀라움, 그 어떤 자의적 해석이나 판단도 없는 순수의 상태와 마주하자.

　아기는 우리에게 찾아온 뛰어난 모험가이자 우리의 스승이다. 아기는 과거나 미래에 대한 걱정 없이 현재에 머무르는 법을 가르쳐 준다. 수십 년간 축적된 피로를 걷어 내고 우리 눈으로 세상을 새롭게 바라보는 방법을 가르쳐 준다. 아기의 탄생은 우리의 재탄생이다.

3세 미만의 아이를
보육 시설에 맡기려 한다면

　3세 미만의 아이를 보육 시설에 보내는 것에 대한 찬반 논쟁은 지금도 여전히 뜨겁다. 논쟁에 대한 다년간의 관련 연구는 아이를 보육 시설에 보냈을 때 어떻게 적응하는가에 초점을 맞추고 있다. 전 세계 보육 시설에 다니는 수천 명의 아이를 대상으로 몇 년간의 장기 추적한 연구를 비롯하여 보육 시설에 다니는 아이의 스트레스 호르몬 수치를 측정한 연구도 있다.

　도대체 언제부터 아이를 보육 시설에 보내는 것이 좋은 걸까? 지금까지 연구는 아이의 장래 학업 능력에 초점이 맞춰져 있다. 그러나 이제 아이의 감정적 행복에 초점을 맞춰 보육 시설 문제를 살펴보고자 한다.

　생후 첫 3년 동안은 아이의 감정 발달이 다른 어떤 것보다 우선되어야 하며 이는 아이 장래를 좌우할 만큼 큰 영향을 미친다. 그런데 감정의 발달은 잘 드러나지 않기 때문에 다른 발달에 밀리기 쉽고, 지금까지도 소홀히 여기는 경향이 있다.

아이를 보육 시설에 맡겨야 할지, 말아야 할지 고민하고 있다면, 이때 꼭 고려해야 하는 사항을 아이의 발달상의 요구에 준하여 이야기해 보고자 한다.

모유 수유는 어떻게 할 것인가?

모유 수유는 규칙적이어야 하고 또 아이의 요구에 따라 대응이 가능해야 한다. 아이가 엄마와 떨어져서 보내는 시간이 많을수록 정상적인 모유 수유를 계속할 가능성은 줄어든다. 훨씬 힘이 덜 드는 젖병에 익숙해진 아이가 젖을 빨고 싶어할 가능성은 적다. 물론 계속해서 모유를 젖병에 담아 줄 수는 있지만, 아이를 품에 안고 먹일 때의 심리적인 이점은 사라질 것이다.

지속적이고 절대적인 관심을 누가 쏟아 줄 것인가?

보육 시설에서는 여러 명의 아이를 한 명의 교사가 보살핀다. 아무리 아이를 좋아하고 따뜻한 교사일지라도 아이의 모든 요구를 충족시켜 줄 수는 없다. 조사 결과 보육 시설에 다니는 아이는 개인적인 관심이나 친밀감, 애정, 신체적인 접촉을 거의 받지 못했고 접촉을 바라는 손길도 무시당하기 일쑤였다. 이탈리아의 한 연구를 보면 교사 일인당 아이의 비율이 1대 3인 보육 시설조차 아이는 충분한 관심을 받지 못하고 좌절을 겪는 것으로 드러났다.

보육 시설 교사는 아이에게 어떤 사랑을 줄 수 있을까?

내가 지금껏 만나 본 보육 교사들은 모두 마음이 따뜻하고 사랑이 가득했다. 그러나 보육 교사가 줄 수 있는 것과 엄마가 줄 수 있는 것은 엄연히 다르다. 아이에게 엄마의 사랑은 완전해 보인다. 엄마는 아이를 바라볼 때 저절로 동공이 확장되고 목소리는 높아지며, 얼굴 전체에 아이를 향한 사랑이 선명하게 드러난다. 아이는 이 차이를 정확하게 느낀다.

또한 아이는 태어난 날부터 엄마의 얼굴, 엄마 몸의 고유한 굴곡, 엄마의 냄새에 애착을 형성한다는 사실을 기억해라. 아무리 애정이 넘치는 보육 교사도 엄마의 느낌과 냄새를 흉내 낼 수는 없다.

| 더 알아보는 과학 육아 |

보육 시설에 관한 몇 가지 연구 결과

미국 아동보건과 인간발달연구소NICHD는 열 개의 도시에서 보육 시설에 다니는 1,100명의 아동을 추적했다. 그 결과 보육 시설에서 보내는 시간이 긴 아이일수록 엄마와의 관계에서 문제를 보였다. 특히 4, 5세 아이들 중 일주일에 30시간 이상 보육 시설에서 머무는 아이는, 10시간 미만 머무는 아이보다 공격적인 행동을 보이는 경향이 세 배나 높았다. 호주와 영국의 연구에서도 비슷한 결과가 관찰되었다. 케임브리지 대학교의 한 연구는 보육 시설에 막 다니기 시작한 아이들의 스트레스 수치를 측정하였다. 그 결과 첫 9일 동안 수치가 평소보다 두 배 정도 높아지는 것을 확인하였고, 심지어 5개월이 지난 후에도 여전히 높은 수준을 유지했다. 종일반에 다니는 아이의 경우 오후가 되면 스트레스 수치가 급격히 올라가는 모습을 보였다. 이는 아무리 좋은 보육 시설에서도 마찬가지였다. 아이가 잘 적응해 보인다고 해서 안심해서는 안 된다. 아이 내면에서는 스트레스 수치가 비정상적으로 솟구치고 있음을 주목해야 한다.

보육 시설은 절대 엄마를 대신해 줄 수 없는 만큼, 아이의 감정 발달에 관한 장점을 찾아보려고 해도 찾을 수가 없었다. 충분한 보수와 산후 휴가가 보장이 된다면 엄마들이 이런 고민조차 하지 않았을 것이다. 이런 안타까운 현실이 엄마들에게 죄책감을 선사하는 요지경 세상이다.

4
chapter

폭풍 성장기,
아이의 감정까지 양육해야 한다

아이 삶을 지배하는 감정 기억의 세 번째 시기 : 19개월부터 7세까지

그동안 아이는 엄마를
자신이 원하는 모든 걸 들어주는 마법과도 같은 사람이자,
자신의 연장선으로 인식해 왔다.
하지만 이 시기부터는 엄마를 독립적인 한 사람으로서 인식하며,
반드시 거쳐야 할 의식 변화의 여정을 시작한다.

세상에 출격하는 아이에게
필요한 능력

 서고 걷고 말하기 시작하면서 아이는 완전히 새로운 방식으로 이 세상을 향해 자신의 존재를 알린다. 이제 아이는 혼자서도 어디든 갈 수 있고 관심이 가는 물건은 만져 볼 수도 있다. 얼마나 짜릿한 경험이겠는가. 세상이 거대한 놀이터로 보이기 시작한다. 아이는 하루하루 자신의 힘을 시험하며 주변을 탐색해 나간다. 시간이 지날수록 그 탐색의 반경이 넓어지고 조심스럽던 행동도 거침이 없어진다. 그러나 여전히 사이사이 엄마의 존재를 확인하는 것도 잊지 않는다. 새로운 물체를 만지거나 새로운 행동을 시도할 때마다 엄마의 안색을 살핀다. "이거 안전해요? 해도 괜찮나요?" 하고 말이다. 탐험 중 틈틈이 엄마 품으로 돌아와 안정감을 재충전하는 것도 잊지 않는다.
 아무리 용감무쌍하게 굴어도 아이는 여전히 감정적으로 깨지기 쉽고 의존적이다. 세상을 향해 탐험을 시작하는 아이가 자신감을 키우기 위해서는 한 가지가 필요하다. 바로 엄마로부터의 분리를 통제할 수 있는 능력이다.

시간이 지날수록 아이는 조금씩 더 멀리, 더 오랜 시간 동안 낯선 곳을 탐험하며 보내게 된다. 이를 통해 세상에서 어느 곳이 안전하고 안전하지 못한지 배워 나간다. 엄마 외의 다른 사람들을 접하면서 타인과 애착을 형성하고 어울리는 방법을 터득한다. 이전까지 일차 양육자인 엄마에게 전적으로 의존했다면, 이 시기에는 다양한 사람에게 도움을 받고 가끔은 혼자 놀며 즐거움을 찾기도 한다. 엄마를 벗어난 세상은 위험하면서도 동시에 매력적으로 보인다. 그곳을 탐험하며 아이는 감정 영역을 확장해 나간다.

이 시기 엄마에게 바라는 아이의 주된 요구는 다음과 같다.

- 나의 안전한 본거지가 되어 주세요. 나의 개척 정신을 응원해 주세요.
- 제발 내 곁에 있어 주세요. 하지만 제가 자유로이 다니며 실수하고 넘어지고 무릎이 까지더라도 재미있게 놀게 허락해 주세요.
- 나를 지켜보고 보호해 주세요. 하지만 구속하지는 마세요.
- 나를 기다려 주세요. 내 속도에 맞게 세상을 둘러보게 해주세요. 하지만 신뢰할 만하고 안전한 안식처가 되어 줄 사람을 만나기 전까지 내 곁을 떠나지 마세요.
- 제발 함께 놀아 주세요.

엄마로부터 조금씩 분리되어 자신의 세상을 넓히고 있는 아이에게는 자신감과 독립심을 북돋워 줘야 한다. 이를 위해서는 아이를 억지로 떨어뜨리거나 구속하지 않고, 아이 스스로 엄마에게서 벗어나는 속도를 통제할 수 있게 해줘야 한다.

아이가 엄마를 알아가는 시기

그동안 아이는 엄마를 자신이 원하는 모든 걸 들어주는 마법과도 같은 사람이자, 자신의 연장선으로 인식해 왔다. 사실 이전까지만 해도 아이의 두뇌는 엄마가 자신과 다른 사람이라는 것을 인지하지 못한다. 하지만 이제는 엄마를 단순한 양육자가 아닌 독립적인 한 사람으로서 인식하기 시작한다. 그러면서 아이는 점점 엄마에 대해 궁금해하며 엄마가 자신과 어떻게 다른지 알고 싶어진다.

이것의 의미는 매우 크다. 엄마를 자신과 분리시켜 고유한 생각과 감정을 지닌 한 개인으로서 인식하는 것은 아이 자신에 대해서도 많은 것을 깨닫게 하고, 다른 사람과 관계를 맺는 법을 터득하게 한다. 이는 아이가 다른 사람과 건강하고 애정 어린 관계를 맺기 위해 반드시 필요한 의식 변화의 여정을 시작했음을 의미한다. 이제 앞으로 몇 년 동안 아이는 다른 사람이 자신의 연장선이 아니라 개별 존재임을 배우게 될 것이다. 그리고 이에 필요한 두뇌 부위가 발달하기 시작한다.

그런데 아이가 엄마를 알아간다는 것은 무슨 뜻일까? 엄마가 자신의 감정과 요구를 보여 주면 아이는 엄마를 독립된 개인으로 바라보기 시작한다. 물론 아이에게 자신의 감정을 보여 주라는 게 낮 동안 쌓인 스트레스를 분출하라는 말이 아니다. 아이의 나이를 고려해 압도적이거나 위협적이지 않은 수준에서 엄마가 아이를 얼마나 사랑하는지 보여 주라는 뜻이다. 그리고 서서히 부드럽게 아이에게 무엇을 바라는지 감정적 요구를 드러내라. 이를 통해 아이는 다른 사람을 사랑하는 방법을 배우게 된다. 이러한 배움의 과정이 없으면 아이는 다른 사람을 똑바로 인지하지 못하고, 상대의 감정에 공감하거나 배려하고 존중하는 법을 깨우치기 힘들다.

어른에게는 너무나 당연한 일이지만, 누구나 처음부터 타인을 타인으로 인식할 수 있는 것은 아니다. 오랜 배움의 시간이 필요하다. 개중에는 간혹 영원히 인식하지 못하는 사람도 있다. 어른 중에 자기중심적이고 이기적인 사람이 얼마나 많은가? 늘 자기 이야기만 하는, 절대로 자라지 않는 아이 같은 사람들. 이들의 감성지능은 여전히 유아 수준에 머물러 있다.

지금까지는 아이의 요구를 충족해 줄 때 아이와 교감할 수 있었다면, 이제부터는 자아의식과 함께 교감이 이루어진다. 엄마와 아이의 의견이 일치할 때도 있지만 그렇지 않을 때도 있다. 시간이 흐르면서 엄마는 아이에게 점점 더 많은 것을 요구하고 싶어진다. 때로는 아이가 하고 싶어 하는 일을 못하게 해야 할 때도 있다. 또 아이 때문에 짜증나고 상처받고 실망할 때도, 아이가 주체할 수 없이 사랑스럽게 느껴질 때도 있을 것이다. 이때부터는 아이의 성장을 위해 이 모든 감정을 스스럼없이 보여 줘야 한다. 이로 인해 아이와 작은 소동이나 갈등이 생길 수도 있지만, 아이의 성장을 위해 꼭 필요한 과정이다.

 엄마에게도 감정이 있고, 아이가 그 감정에 영향을 미칠 수 있음을 보여 주는 것은 아이에게 매우 중요한 성장 자양분이 된다. 엄마도 때로는 지치고 혼자만의 시간이 필요하다는 것을, 아이 때문에 행복하기도 하지만 슬플 때도 있다는 것을 알려 줘야 한다. 엄마가 아끼는 것을 아이가 망가뜨리면 매우 속상하고, 말썽을 피우면 화가 난다는 것을 인지시켜야 한다. 아이가 엄마를 웃게도 하고 울게도 할 수 있음을 알게 될 때 아이는 무럭무럭 자란다. 이렇게 감정을 여과 없이 보여 줄 때 아이는 엄마를 실질적인 인간으로 바라볼 수 있게 되고, 자신이 엄마에게 미치는 영향을 보면서 둘이 단단히 연결되어 있다고 느낀다.

 가끔 아이에게 부정적인 감정까지 드러내야 한다고 말하면 놀라는 엄마도 있다. 그러나 사람은 다양한 감정을 느낀다. 엄마가 감정을 숨기면 아이는 이를 감지하고 불편함을 느낀다. 감정을 솔직하고 적절하게 드러낼 때 아이는 오히려 엄마에게 친밀감을 느낀다는 사실을 기억하자.

아이에게 놀이란 배움의 또 다른 말

이 시기 아이는 넘치는 에너지로 자신의 세계를 탐험한다. 만족을 모르는 아이는 세상을 정복하려는 듯이 맛보고 씹고 뜯으며 탐색한다. 그야말로 감각의 풍년 시기이다.

아이에게 탐험이란 놀이는 학습의 또 다른 이름이자 생존의 필수 요소라고 할 수 있다. 놀이를 통해 몸의 사용법을 터득하고, 사물이 어떻게 작용하는지를 배운다. 단단한 것은 다칠 수 있고, 섬세한 것은 부서질 수 있으며, 날카로운 것은 베이거나 찔릴 수 있음을 배운다.

놀이에서 동반되는 감정 역시 아이에게 많은 것을 가르쳐 준다. 불편하고 실망스러운 감정은 원하는 것을 모두 이룰 수는 없으며 그 한계가 어디까지인지를 알려 준다. 기쁨은 가장 훌륭한 선생님이다. 더 알고 싶고 배우고 싶게 만들기 때문이다. 발명과 발견의 욕구 역시 마찬가지이다. 이와 같은 감정들이 억압받거나 공격당하지만 않는다면, 아이에게 평생 학습과 발명, 문제 해결의 원동력이 되어 줄 것이다.

더욱이 놀이는 함께하는 활동이기 때문에 자연스럽게 관계의 즐거움을 선사하고 함께 즐기는 방법을 알려 준다. 이는 곧 감성지능의 초석이 된다.

나는 어린 시절 부모님이 마음껏 뛰어놀게 해줬다고 말한 사람들에게서 독특한 점을 공통적으로 목격하곤 한다. 이들은 대체로 모험심이 강하고 자신의 일에서 높은 성취감을 느끼고 있었으며, 삶에 대해 긍정적일 뿐 아니라 유난히 밝고 쾌활하다. 또 자신과 다른 사람의 성향이나 기질을 잘 이해하는 모습을 보인다. 반면 어린 시절 얌전하고 착하게 행동하기만을 바랐던 부모님 밑에서 자란 사람들은 정서가 메마르고 재미없는 경우가 많다. 일을 할 때도 창조적이고 능동적으로 하기보다는 주어진 임무를 착실히 해치운다는 느낌이 강하다.

아이에게 놀이는 삶이자 배움의 또 다른 말이다. 그러니 피곤하고 힘들더라도 아이의 상상 속 세상으로 들어가 함께 놀아야 한다. 놀아 준다고 생각하면 금방 지치고 힘들어지기 마련이다. 스스로 아이가 되어 아이와 함께 어울려야 한다. 훗날 돌이켜 보면 이 순간들이 엄마와 아이 모두에게 더할 나위 없이 소중한 시간이었음을 깨닫게 될 것이다.

이때 엄마는 무심코 아이에게 어떤 놀이를 할지, 어떻게 놀아야 하는지 정해 주게 되는데, 이 점은 반드시 유의해야 할 부분이다. 아이가 놀이를 주도할 때, 그 놀이가 비체계적일수록, 놀이를 통해 얻을 수 있는 장점이 극대화된다. 자신의 상상력을 마음껏 뽐내며 자유롭게 노는 기쁨은 아이를 성장시킨다. 강아지가 서로 쫓고 물어 뜯으며 놀면서 사냥과 자기방어 기술을 연마하듯이, 아이에게 놀이는 삶의 기술을 연마하는 시간이다. 아직 어리게 보일지라도 자유롭게 놀게 하다 보면 뛰어난 상상력으로 완벽한 세계를 만들어 내기도 하고 협상력과 지도력, 팀워크 같은 함께하는 기술을 키워 나간다. 놀수록 아이의 상상력이 연마되고 창의력과 문제해결 능력이 향상된다. 풍부한 상상력을 가진 아이에게 놀이의 주도권이 주어지는 것만큼 더 좋은 배움의 환경은 없다.

근육과 마찬가지로 상상력도 연마하지 않으면 퇴화한다. 그러니 아이의 상상을 제한하거나 어른의 상식을 놀이에 개입하여 강요하지 말고, 아이가 중심이 될 수 있도록 유의해야 한다. 단순히 얼마나 많은 시간을 놀았느냐만이 아니라 어떻게 놀았느냐도 중요하다. 이로 의해 아이는 창조적이고 풍부한 상상력과 사고를 가질 수 있다. 이는 과학자, 예술가, 건축가 등의 직업을 가진 사람들에게 꼭 필요한 필수 능력이기도 하다.

텔레비전 - 놀이의 파괴자

텔레비전이 아이에게 악영향을 미친다는 사실에 대해 모르는 사람은 없을 것이다. 그럼에도 예나 지금이나 텔레비전은 아이들의 재미있는 놀이 기구이자 친구가 되어 주고 있다.

텔레비전이 좋지 않은 이유에 대해서는 이미 많이 들었을 것이다. 특히 3세 미만의 아이는 텔레비전에 노출시키지 않는 것이 좋다. 화면을 보며 앉아 있는 아이의 두뇌는 탐색을 멈추고 그저 수동적으로 정보를 받아들이기 때문이다. 텔레비전 앞에 철썩 붙어 있는 사이 아이의 중요한 두뇌 영역이 낭비되고 감정 발달이 일그러진다. 텔레비전은 재미있는 이야기와 아름다운 환상으로 가득찬 매력적인 교육 자료를 제공하지만, 아이를 지나치게 수동적으로 만든다.

그렇다면 3세부터는 괜찮을까? 3세가 되어도 텔레비전 시청은 일주일에 2시간 이하로 제한해야 한다. 텔레비전에서 보이는 폭력성은 보는 사람마저 공격적으로 만든다. 미국 심리학회가 이 문제에 관한 논쟁은 "본질적으로 끝났다!"라고 선언했을 정도로 수많은 연구 결과가 상관관계를 증명해 주었다.

| 더 알아보는 과학육아 |

바보상자에서 벗어나라

미국 아이들은 매일 평균 4시간을 텔레비전 앞에서 보낸다. 호주 아이들은 평균 2.3시간, 영국 아이들은 매일 3시간을 본다. 오늘날 대다수 아이가 부모보다 텔레비전 속 등장인물과 더 많이 눈을 마주친다. 우리 아이들을 바보상자 앞에 앉혀 놓는 것은 영유아기의 낭비이며 발달의 파괴이다. 다음은 연구를 통해 드러난 텔레비전의 폐해이다.

- 빠르고 부자연스러운 시청각 이미지는 아이 두뇌의 주의력중추를 손상시킨다. 수많은 연구를 통해서도 텔레비전이 빠르게 증가하는 주의력결핍 과잉행동장애의 주범이라는 사실이 밝혀지고 있다.
- 텔레비전을 보기 시작한 지 30초가 지나면 아이 두뇌에서는 판단력과 이성적 사고력이 줄어든다. 그 결과 아이들은 텔레비전 광고에 무방비하게 노출되게 된다. 또한 자기 통제와 이성적 사고를 책임지는 두뇌의 전두엽이 비활성화된다. 그리하여 텔레비전에 오래 노출될수록 이 부분의 발달이 저해된다.
- 텔레비전은 수학적 사고 능력과 읽고 이해하기와 같은 장래의 학습 능력을 손상한다.
- 텔레비전은 영유아기 수면 장애와 밀접한 관계가 있다.

놀이는 치유이다

놀이는 아이에게 치유의 수단이기도 하다. 연구 결과 아이들이 몸 씨름을 하거나 가장 놀이를 하거나(경찰과 도둑 놀이, 구출 작전 놀이, 엄마 아빠 놀이, 슈퍼영웅 놀이 등) 마음껏 상상력을 발휘하며 자유롭게 놀다 보면 감정적 상처가 치유된다는 사실이 드러났다. 비체계적이고 창조적인 놀이는 실제로 손상된 두뇌의 감정중추 부분을 재생시키고 회복시킨다. 물론 조직적인 스포츠와 보드게임과 같은 체계적인 놀이도 훌륭한 이점을 안겨 주지만, 아이들이 직접 발명한 신체 놀이가 가장 강력한 치유 효과를 보인다.

이 시기 아이들에게 필요한 것은 아이를 자극하는 기회와 가능성이 풍부한 환경에서 놀 자유로운 시간이다. 특히 감정적으로 고통스러운 경험한 아이에게 믿을 수 있는 사람들과 함께하는 자유롭고 창조적인 놀이는 큰 치유력을 발휘한다.

어린 시절 놀이 기억을 활용하라

아이와의 놀이를 즐거워하는 부모도 있지만, 곤욕스러워하는 부모도 많다. 어떻게 놀아 주어야 할지 막막하기만 하고, 왠지 아이와 놀고 있는 자신의 모습이 어색하거나 우스꽝스럽게 느껴진다. 어떤 아빠는 아이가 놀아 달라고 할 때마다 텔레비전을 틀어 주거나, 오래 누워 있기 놀이를 제안한다.

물론 아이가 원하는 만큼 오래, 끊임없이 놀 수 있는 어른은 드물다. 부모가 바쁜 것도 주된 원인이지만, 어른이 생각하는 재미와 즐거움이 아이와 다르기 때문이다. 게다가 아이의 끊임없이 넘쳐나는 에너지를 맞춰 줄 수 있는 어른이 몇이나 되겠는가? 그러나 부모가 아이의 환상

세계로 들어가 아이의 눈높이에 맞추어 놀아 줄 수 있다면, 비록 짧은 시간이라고 할지라도 아이에게 다채로운 경험을 안겨 줄 수 있다.

스스로 놀이를 잃어버린 어른들도 많다. 어른스럽고 점잖아야 한다는 세상의 요구가 어른들로부터 놀이의 재미를 앗아갔고 목표와 결과에 집착하게 만들었다. 그런 어른들에게 아이들은 긴장을 풀 수 있는 기회를 제공한다.

놀이에 관해서라면 아이들이 좋은 스승이 될 수 있다. 아이들은 타고난 개구쟁이이다. 자칭 타칭 똑똑하다고 하는 어른보다 훨씬 더 많이 재미있는 생각을 떠올릴 수 있다. 아이가 주도하는 놀이에 따라라. 놀이는 발견을 향한 항해이다. 아이와 함께 놀다 보면 부모는 몰랐던 아이의 내면 세계를 발견하게 될 것이다. 또 긴장을 풀고 아이와 어울리는 사이 부모 역시 행복감이 차오를 것이다.

놀이처럼 즐겁게 시작하는 책 읽기

학습 역시 놀이처럼 시작할 수 있다. 이 시기 아이들의 학습은 얼마든지 즐거울 수 있고 또 그래야 한다. 그리고 그 시작으로 책 읽어 주기를 권하고 싶다. 틈이 날 때마다 읽어 줘라. 특히 잠들기 전에 책을 읽어 주면 아이가 평화롭고 만족스러운 숙면을 취할 수 있다.

그럼 언제부터 아이에게 책을 읽어 주면 좋을까? 사실 빠르면 빠를수록 좋다. 아이가 내용을 이해하지 못해도 일찍부터 책과 친숙해지고 책에 대한 즐거운 감정을 만들어 줄 수 있기 때문이다.

단 아이가 책 내용을 얌전히 듣고 있을 거라 기대해서는 안 된다. 얌전히 앉아 듣지 않는다고 혼을 낼 필요도, 꼭 처음부터 끝까지 읽어 줘야 할 필요도 없다. 아이가 자기만의 방식으로 책과 관계를 맺을 수 있다면 그것으로 충분하다. 아이가 스스로 그 방법을 찾고 책과 함께하는 시간을 즐기는 것이 우선이다.

책을 보면서 아이가 글자에 관심을 보인다면, 손가락으로 글자를 가리키며 읽어 준다. 아이에게 글자를 직접 짚어 보게 하는 것도 좋은 방법이다. 글자는 아이에게 또 다른 감각을 선사할 것이다.

읽어 주기에서 무엇보다 중요한 것은 엄마와 아이 모두 즐길 수 있는 이야기를 골라야 한다는 것이다. 그래야 즐거워하며 함께할 수 있다. 배움을 가장 크게 장려하는 것은 즐거움과 사랑이다. 엄마의 사랑을 바탕으로, 즐거움과 재미를 선사한다면 아이는 자연스럽게 책과 사랑에 빠지게 될 것이다.

건강한 분리의 시작

이전 시기까지만 해도 아이는 엄마와의 분리를 가장 고통스러워하고, 심한 경우 트라우마를 갖게 되기도 한다. 그런데 생후 18개월이 지나면서는 조금씩 혼자만의 시간을 갖는가 하면, 엄마와 떨어져 다른 사람과 시간을 보내는 등 자신의 영역을 넓혀 나가며 자신감과 안정감을 쌓아 간다. 이와 동시에 자신과 한 몸처럼 여겼던 엄마를 독자적인 개체로 분리해서 생각하기 시작한다. "나는 엄마가 아니고 엄마도 내가 아니야. 나는 나 자신이야."라는 생각을 하게 되는 것이다.

아이를 이러한 성장으로 이끈 변화는 도대체 무엇일까?

- 대략 18개월 무렵이 되면 아이는 엄마의 모습을 그리고 엄마가 돌아올 것이라는 것을 예상할 수 있을 정도로 두뇌가 성숙한다. 이제 단지 엄마가 눈앞에 보이지 않는다는 이유로 엄마가 존재하지 않는다고 생각하

는 시기는 지났다. 잠시 엄마가 없어져도 아이는 엄마의 기억을 가지고 스스로 위안을 삼을 수 있게 된다.
- 트라우마는 개념상 통제할 수 없는 고통스러운 경험을 할 때, 부모의 영향력에서 벗어난 상황을 참아야 할 때 생긴다. 혼자서 일어서고 걷는 데 익숙해진 아이는 자신이 믿고 좋아하는 사람에게 언제든지 갈 수 있다. 그만큼 엄마와의 분리가 덜 무서워진다. 또 말할 수 있게 되면서 아이는 더 많은 통제력을 갖는다. 자신이 무엇을 원하고 필요한지 표현할 수 있게 된 아이는 양육자의 품에서 멀어지는 것을 두려워하지 않게 된다.

이런 성장은 아이가 엄마와의 분리를 예전보다 안전하게 느낄 수 있도록 만들어 준다. 그렇다고 해서 처음부터 급격하게 분리를 시도해서는 안 된다. 분리를 자연스럽고 편안하게 받아들일 수 있도록 아이에게 주도권을 줘야 한다. 이를 위해 엄마는 아이가 자신의 공간에서 새로운 탐색을 시작하는 것을 즐겁게 받아들여야 한다. 그러면 아이는 언제 엄마를 보낼 준비가 되었는지 행동이나 말, 표정을 통해 보여 줄 것이다. 통제력을 잃었을 때 분리가 상처로 남을 수 있음을 기억해라. 분리의 속도는 아이마다 다르다. 어떤 아이는 새로운 사람과 환경에 금방 적응하는 한편, 어떤 아이는 오랜 적응 시간이 필요하다. 중요한 것은 아이마다 다른 속도를 인정하고 강요하지 않는 것이다. 자신감이 생긴 아이는 스스로 부모를 밀어낸다.

어린이집에 보내는 첫날

엄마 품 안의 세계를 전부로 알던 아이가 점점 세상을 향해 호기심을 드러내고 타인과의 관계에 관심을 보이면 엄마는 어린이집을 고민하게 된다. 아이의 첫 어린이집 등원은 엄마와 아이 모두에게 시련과 상처를 남기곤 한다. 대부분의 아이가 쉽게 적응하지 못하기 때문이다.

아이가 어린이집에 가는 것을 싫어하고 힘들어할 경우, 엄마들은 애착이 부족해서라고 생각한다. 그러나 평소 낯을 잘 안 가리고 활발한 성격의 아이일지라도 새로운 세계를 낯설어하며 엄마와의 분리를 받아들이기 힘들어한다. 어느 아이나 적응 시기가 필요하고, 아이가 유독 적응을 못한다고 해서 부족한 애착을 탓하며 자책할 필요가 없다는 것이다.

단 다니다 보면 익숙해질 거라는 생각에 억지로 등원시켜서는 안 된다. 이때 아이가 느끼는 고통, 두려움, 배신감은 사라지지 않고 아이의 머릿속에 남아 자아의식에 장기적인 영향을 미치기 때문이다.

적응 기간이 몇 개월씩 걸리는 아이가 있는가 하면, 잘 놀다가도 어린이집만 가자고 하면 배가 아프다고 하거나 대성통곡을 하는 아이도 있다. 아이에게는 엄마와의 분리를 이해하고 받아들일 수 있는 준비가 필요하다.

평소 집 안에서 "엄마, 지금 씻으러 갈 거야. 저 긴 바늘이 저 숫자에 가 있을 때 나올 거야."처럼 짧은 헤어짐을 연습하거나, 다니게 될 어린이집에 익숙해질 수 있도록 놀러 가듯이 사전에 자주 방문해 보는 것도 좋은 방법이다.

―――― 분리의 속도는 아이마다 다르다.
어떤 아이는 새로운 사람과 환경에 금방 적응하는 한편,
어떤 아이는 오랜 적응 시간이 필요하다.
중요한 것은 아이마다 다른 속도를 인정하고 강요하지 않는 것이다.
자신감이 생긴 아이는 스스로 부모를 밀어낸다.

엄마의 과도한 걱정도 아이의 분리 불안을 부추긴다. 아이의 안부를 교사에게 자주 확인하거나 엄마가 먼저 "힘들었지? 가기 싫으면 안 가도 돼."와 같은 부정적인 말을 해서는 안 된다. 아이가 힘들다고 할 때 손을 내밀어 주자. 그저 엄마가 보이진 않지만, 항상 기다리고 있다는 것을 알려 주면 된다. 그리고 조금씩 어린이집에 있는 시간을 늘려가면서, 아이가 교사와 친밀감을 느낄 수 있도록 도와줘야 한다. 이때 교사가 아이의 감정에 적절히 대응해 주고 위로해 준다면 적응이 훨씬 빠르고 쉬워진다.

간혹 어떤 아이는 몹시 불안해도 믿을 만한 사람이 옆에 없으면 감정을 숨기곤 한다. 그래서 교사가 아이의 스트레스를 알아채지 못할 때도 있다. 아이와 아주 가까운 사람만이 그 차이를 감지할 수 있다. 준비되지 않은 상태에서 사랑하는 사람과 장시간 떨어져 지내게 된 아이는 코르티솔 수치가 치솟는다. 코르티솔로 인한 손상은 장기적으로 심신의 문제를 일으킬 수 있다. 그러니 아이가 잘 적응하는 듯해 보일지라도, 아이의 감정을 충분히 읽어 줘야 한다.

다른 사람에게 아이를 맡겨도 괜찮을까?

매주 몇 시간일지라도 엄마에게는 친구를 만나 기분 전환을 하고, 아이와 함께 있을 때 하기 힘든 일을 할 수 있는 시간이 필요하다. 많은 엄마가 이를 위해 어린이집과 같은 보육 시설을 선택한다. 혹은 가족에게 아이를 맡기기도 한다. 또 베이비시터를 고용하는 사람도 있다. 그런데 다른 사람에게 아이를 맡겨도 되는 걸까?

만약 베이비시터를 고용하거나 가족에게 아이를 돌봐 달라고 부탁하기로 했다면, 아이에게 선택권을 주는 것도 좋다. 즉 아이에게 면접권을 주는 것이다. 이 사람과 같이 있으면 좋은지 아이에게 직접 물어봐라. 때때로 아이는 매우 솔직하다. 그러나 아이들이 언제나 자신의 감정을 분명히 알고 있는 것은 아니므로, 아이가 이 사람과 함께 있을 때 어떻게 행동하는지 세심하게 지켜보는 것도 중요하다. 아이가 그 사람에게 선뜻 안기는지, 안아 달라고 손을 내미는지, 함께 웃는 반응을 보이는지 등을 말이다. 이런 반응들은 모두 아이가 그 사람과 함께 있는 걸 안전하게 느낀다는 신호이다.

아이의 감정에 반응할 수 있는 따뜻한 사람, 아이와 즐겁게 지낼 수 있는 사람, 아이가 유대감을 느낄 수 있는 사람을 찾아라. '나는 이 사람과 함께 있으면 안전할까?' '이 사람과 단둘이 남으면 어떤 기분이 들까?' 하는 식으로 아이의 입장에서 생각하고 물어봐라.

아이를 돌봐 줄 사람이나 장소를 찾았다면 이제 자신만의 시간을 즐겨라. 육아에는 강력한 집중력과 에너지가 필요하다. 자신을 돌볼 줄 알아야 더 좋은 양육자가 될 수 있다. 그 사이 아이는 다른 사람과 관계 맺는 법을 배울 것이며, 이 경험이 자양분이 되어 새로운 관계의 기술을 쌓아 갈 것이다.

아이가 미운 청개구리가 된 것을 기뻐하라

한층 성장하면서 자신감이 생긴 아이는 때때로 부모를 밀어내기도 하고 "저리 가!"라고 말하며 반항하기도 한다. 아이가 좋아하는 것을 줬는데도 "싫어!"라고 소리치기도 한다. 엄마 입장에서 당연히 당혹스러울 수밖에 없다. 귀엽고 사랑스럽기만 했던 내 아기는 도대체 어디로 사라져 버린 걸까?

자신과 엄마를 구분하기 시작하면서 아이는 강한 자아의식을 계발해 나간다. 그러면서 신체적·심리적 분리가 일어난다. 세상이 자신에게 무엇을 안겨 줄지 찾으러 떠나면서 신체적(물리적) 분리가 일어나고, 엄마와 자신을 다른 존재로 느끼고 그럼에도 괜찮다는 것을 깨달으면서 감정적 분리가 일어난다. 그리고 아이는 더 큰 자신감을 가지게 된다.

아이는 자신감이 커질수록 엄마와 의견이 일치하지 않아도 크게 두려워하지 않게 된다. 그럴수록 아이는 더욱 강력하게 자신의 뜻을 주장한다. 그만큼 거침없이 반항한다는 뜻이므로 엄마에게는 큰 도전으로 느껴진다. 이때 고집 피우는 아이에게 휘둘리지 않으면서도 아이를 혼내거나 상처 주지 않고 대할 수는 없을까? 우선 아이가 반항하는 이유부터 제대로 이해해야 한다. 그러면 이 과정을 아이의 자연스러운 성장 과정으로 받아들이고 엄마와 아이의 감정을 보호할 수 있다.

이 시기 아이는 종종 엄마를 싫어하는 것처럼 행동한다. 엄마는 소중하게 키운 아이에게 거부당했다는 생각에 상처를 입기도 한다. 그러나 아이 입장에서는 자신의 전부였던 엄마를 밀어냈을 때 한 번도 느껴 보지 못한 경이로운 기분을 경험한다.

아이는 도대체 왜 이런 행동을 하는 것일까? 그 이유 중 하나는 아이에게 엄마는 항상 "안 돼." "하지 마."라고 말하며 자신을 저지하는 사람이기 때문이다. 아이는 자신의 좌절감을 안전하게 표현할 수 있어야 한다. 이는 아이의 감정 건강을 위해 중요하다. 아이는 모든 감정을 강렬하게 느낀다. 하고 싶은 것을 하지 못할 때, 원하는 것을 가지지 못할 때의 실망감이 어른의 상상보다 훨씬 크다는 뜻이다. 이때 자신의 감정을 표현할 수 있어야 한다. 건강한 자기 성취감을 계발하기 위해서도 꼭 필요한 과정이다. 이러한 감정을 표현할 때 수치심과 죄책감을 느낀 아이는 감정을 억누르게 되고, 그럴수록 자신감에 커다란 상처가 생긴다.

아이는 자신이 엄마와 분리된 한 개인이라는 사실을 의식하면서, 독립된 자아를 가진 존재로 거듭날 준비를 한다. 이는 실험으로 시작된다. 아이는 부모를 밀어내고 반항하면서 자율을 연습한다. 자신의 내면에 깃든 힘과 자율을 발견하기 시작하면서 짜릿함을 느낀다. "싫어!"라고 말할 때 엄청난 즐거움을 주기 때문에 계속하는 것이다.

이렇게 자기 표현을 예행연습하면서 아이는 감성지능의 중요한 초석을 닦아 나간다. 아이의 주장이 아무리 조악하고 거칠어도 스스로 독립하기 위한 자연스러운 성장 과정이므로 이를 막아서는 안 된다. 자신에 대해 확신할 수 있을 때 타인도 존중할 수 있다. 그래야 타인을 무시하거나 폭력을 행사하지 않고, 갈등을 피하기보다 인정할 수 있게 된다. 다른 사람의 고유함을 인정하면서 자신의 고유함을 표현하는 것이야말로 가장 중요한 사회적 기술이 아닐까?

부모의 어려움

"아이의 고집을 즐기라고요? 지금 농담해요?"

꼬박꼬박 말대꾸를 하고, 자기 마음대로 하려고 하는 아이를 보다 보면 인내심에 한계가 오는 순간이 있다. 특히 어린 시절 엄한 집안에서 자란 부모일수록 이를 더욱 참지 못한다. 고집 피우는 아이에게 분명한 경계를 세워 주지 못하고 휘둘리는 경우도 있다. 아이와의 갈등이 두려워 "안 돼!"라고 말하지 못하는 것이다.

이 시기 아이는 그야말로 청개구리이다. 그렇다고 무조건 혼을 낼 수도, 벌을 줄 수도, 그렇다고 오냐오냐할 수도 없다. 너그럽게 아이의 요구를 적극적으로 대응해 줘야 하는 시기는 이미 지났다. 어떻게 해야 현명하게 아이의 성장을 도모하면서도, 적절히 행동을 개선시킬 수 있을까? 이를 해결하는 가장 좋은 방법은 충분한 이해를 바탕으로 한 교감이다.

부모에게는 부모로서의 권리와 요구가 있다. 이를 아이에게 정확히 전달해 주지 못한다면, 아이는 부모의 존재를 인지하지 못한다. 아이가 잘못된 행동을 했을 때 이를 제지하며 부모의 요구와 한계를 보여 주지 않으면, 아이는 부모에 대해 항상 자신을 받아 주고 참아 주는 존재라고 생각하게 된다. 혹은 안내해 주는 이 하나 없이 망망대해에 떠 있는 막막한 기분을 느끼게 된다. 무한한 자유가 허용될 때 아이는 자유보다 답답함을 느끼기 마련이다. 반대로 "안 돼!"라는 부모의 말은 아이에게 부모의 든든한 존재를 느끼게 한다. 아이에게 행동의 기준을 제시해 주기 때문에 부모가 강하게 의사를 표현할 때 아이는 상대적으로 안정감을 느낀다. 아이에게 부모의 생각을 단호하게 전달하는 것은 혼을 내거나 아이의 고집을 꺾어 버리는 행위와는 전혀 다르다.

물론 아이의 요구를 충족시켜 주는 것은 중요하다. 그러나 이 시기의 아이는 그것만으로 충분하지 않다. 부모가 아이에게 자신의 감정을 보여 주고 존중해 줄 것을 강력하게 요구할 때 아이는 비로소 감정 이입과 배려, 존중을 배운다. 그리고 이를 위해서는 부모가 먼저 자신의 감정을 정확히 인지하고 온전히 나 자신이 될 수 있어야 한다. 무조건 아이에게 맞춰 주고, 아이를 중심으로 생각하는 관계는 금방 무너지고 변질될 우려가 크다. 부모가 먼저 스스로 바로 서며, 그 안에서 아이와 관계를 맺을 때 서로 믿고 존중하며 힘을 북돋을 수 있는 존재가 될 수 있다.

왜 아이는 고집이 셀까?

아이는 타고난 나르시시스트이다. 자기 때문에 다른 사람이 상처를 입을 수도 있음을 알게 되고, 다른 사람의 감정을 이해하고 느끼게 되기까지 보통 몇 년이 걸린다. 이를 영영 배우지 못한 어른도 수두룩하다. 아이는 감정 사용에 서툰 초보자이다.

아기 때는 세상에 경계라는 것이 전혀 없었다. 자라면서 사람과 사람 사이에 경계가 있다는 것을 서서히 깨닫기 시작하지만, 아직 그 경계가 모호해 다른 사람에게 공격적으로 행동하거나 자기 것이 아닌 것을 빼앗기도 한다. 유아기의 아이를 가진 부모에게는 다른 사람과의 경계를 존중하도록 가르칠 장기적인 임무가 기다리고 있다.

무조건 아이에게 맞춰 주고,
아이를 중심으로 생각하는 관계는
금방 무너지고 변질될 우려가 크다.
부모가 먼저 스스로 바로 서며,
그 안에서 아이와 관계를 맺을 때 서로 믿고 존중하며
힘을 북돋을 수 있는 존재가 될 수 있다.

엄마의 감정보다 큰 가르침은 없다

아이를 키우는 엄마가 가장 많이 하는 말은 무엇일까? 바로 "안 돼!"가 아닐까? "안 돼, 동생 때리는 거 아냐." "엄마에게서 떨어져서 마음대로 달려가면 안 돼."(붐비는 쇼핑몰에서) "음식 던지면 안 돼." 등 하루에도 몇 번씩 "안 돼!"라는 말을 외치게 된다.

열정과 호기심으로 가득한 아이는 때때로 자신과 주변 사람들을 곤란에 빠뜨린다. 자신의 행동이 어떤 위험을 몰고 올지 이해하지 못한다. 앞만 보고 돌진하다가 엄마를 잃어버릴 수 있다는 것을, 동생을 때리면 다칠 수도 있다는 것을, 들끓는 냄비가 위험하다는 것을 알지 못한다.

더군다나 위험한 행동에 대해 엄마가 분명하게 가르쳐 주거나, 분명하게 반응해 주지 않으면 아이는 알 기회조차 잃게 된다. 아이의 행동에 화가 났거나 걱정했다는 사실을 표현하지 않으면 아이는 행동의 경계를 깨닫지 못한다.

하지만 아이에게 행동의 경계를 알려 주는 것으로는 충분하지 않다. 아이는 그저 어떤 일은 해도 되고 어떤 일은 하면 안 되는지를 깨달을 뿐이다. 그 이유는 모른다. 아이가 그 이유까지 알기 위해서는 엄마의 감정을 알려 줘야 한다. 아이의 행동이 엄마에게 어떤 느낌을 불러일으키는지 보여 줘야 한다. 부모의 감정이 아이를 가르친다.

아이의 행동 때문에 슬펐는가? 가슴이 철렁하였는가? 그 순간 느낀 감정을 아이에게 보여 줘라. 눈빛으로, 표정으로, 몸으로, 목소리로 감정을 표현해라.

진정 어린 감정 표현은 엄마와 아이를 더욱 긴밀하게 묶어 준다. 낡은 방식의 처벌은 효과가 없다. 오히려 엄마와 아이 사이를 갈라놓는 역효과를 불러올 뿐이다.

일부러 부모를 자극하는 아이들

이 시기 아이는 엄마를 한 명의 사람으로서 알아가게 된다. 따뜻하고 다정하면서도 때로는 아파하고 화를 내기도 하는 진짜 사람 말이다.

아이가 착한 아이로 크길 바란다면, 엄마가 먼저 그런 사람이 되어야 한다. 즉 감정에 솔직하고 진정성 있는 사람이 되어야 한다. 강압적이지 않고 자연스럽게 아이에게 자신의 감정을 전달할 수 있어야 한다

아이가 엄마의 감정 상태를 엄마 자신보다 예리하게 간파하는 것을

보면 불가사의할 정도이다. 아이는 엄마가 표현하지도 않은 긴장감까지 읽어 내고, 이에 불안해하며 혼란스러워한다. 엄마가 감정을 숨길수록 아이들은 더욱 혼란스러워한다.

엄마가 감정적으로 솔직할 때 아이는 위안을 받는다. 반면 엄마가 감정적으로 냉담하거나 초연하면 아이들은 외롭고 불안하고 과민해진다. 불안감을 느낀 아이는 엄마를 괴롭히고 화가 나게 하는 등 자극을 준다. 엄마와의 관계를 원하는 것이다.

때로 엄마와 건강한 애착을 형성하지 못한 아이는 과격하고 폭력적으로 행동하며 엄마를 자극하기도 한다. 이때는 아이의 행동을 무조건 저지하기보다 아이의 마음의 소리에 귀를 기울여 줘야 한다. 아이의 말에 귀를 기울여 주고 있다는 확신을 심어 줘야 한다. 아이는 이유 없이 감정적으로 폭발하지 않는다. 다행스럽게도 자신의 감정이 인정받는다고 느끼면, 다소 문제 행동을 보이던 아이도 금방 개선된다.

아이가 엄마를 자극하는 진짜 이유가 무엇이든 엄마가 지나치게 너그럽게 대처하면 아이에게 전혀 도움이 안 된다. 아이들은 자신의 감정에 귀를 기울이고 그 감정을 인정해 주며 온화하고 애정 어린, 그러면서도 확실하게 "안 돼!"라고 말할 수 있는 어른과 함께할 때 평온함을 느낀다.

| 더 알아보는 과학 육아 |

버나드 대학교 유아연구소의 발견

뉴욕 버나드 대학교의 유아연구소가 시행한 한 연구에서 드러내 놓고(그러나 적절하게) 화를 표현한 엄마의 아이가 감정적으로 더 안정된 것으로 드러났다.

감정도
학습이 필요하다

어른들은 감정을 조절하고 적절히 표현하는 방법을 알고 있다. 예를 들어 상대에게 "너에게 실망했어." "너 때문에 화가 났어."라고 표현할 수 있으며, 반드시 화를 내지 않고도 기분이 상했다는 사실을 표현할 수 있다. 물론 언제나 그럴 수 있는 것은 아니지만 다른 사람에게 상처를 주지 않고 자신의 감정을 표현할 수 있다는 말이다.

그러나 아이는 감정이 아직 미숙하다. 분노를 한 번 느끼면 그 감정은 걷잡을 수 없이 부풀어 올라 흘러넘친다. 더군다나 적어도 네 살이 될 때까지는 감정을 담아 두는 두뇌 부위 역시 완전히 발달하지 않는다.

아이는 지금 화라는 에너지를 이해하고 숙달하려고 노력하고 있다. 마음을 다해 화를 느끼고 있다. 앞으로 몇 년 동안 아이는 생명력을 주는 이 강력한 감정을 제대로 전달하는 법을 배워 나갈 것이다. 아이에게 감정 분출은 매우 두려운 경험이 될 수 있다. 아이가 울며 떼를 쓰는 동안 외롭고 두렵다고 느끼지 않도록 그리고 감정으로 인해 다치는 일이 없도록 도움과 지지가 필요하다. 엄마가 도와주고 진정시켜 줄 때 아이는 자신의 감정을 두려워하거나 부끄러워하지 않게 된다.

아이는 서로 의견이 다를 수 있고 갈등이 생길 수 있으며 화를 낼 수도 있다는 것을, 그렇다고 사랑이 끝나는 게 아니라는 것을 배워야 한다. 실제로 사람들은 서로 화를 표현할 때(비난이나 굴욕이 아닌 존중의 방식으로) 오히려 사랑이 깊어지고 관계가 돈독해지며 서로를 더욱 이해할 수 있게 된다. 순수한 형태의 화는 사랑의 또 다른 단면이기도 하다. "내 말을 들어 달라, 나를 봐달라, 이해해 달라!" 하고 요구하는 방식이다. 불화와 단절을 치유하는 힘이다. 관계를 개선시키고 조화를 이끌어 내는 에너지이다.

화를 폭력이나 지배와 혼동하지 말자. 두 가지는 서로 정반대에 위치한다. 폭력은 파괴하고 지배는 억누르지만, 화는 교감한다.

| 더 알아보는 과학 육아 |

위안 = 안심 = 떼쓰기의 감소

어린아이의 두뇌는 감정 조절과 밀접한 관련이 있는 피질 부분의 질서가 비교적 덜 잡혀 있다. 이 부분이 성숙해질 때까지는 강력한 감정을 조절할 수가 없기 때문에 이 무렵 아이들이 심하게 떼를 쓰는 것이다.

신경과학자들은 부모가 울며 떼쓰는 아이를 달래고 안심시킬 때 그 기억이 아이 두뇌에 저장된다고 말한다. 이 기억은 이후 감정 조절법을 배우는 데 도움이 된다. 즉 위안을 받은 기억이 많을수록 감정 조절을 더 잘하게 된다. 물론 많은 인내심을 필요로 하겠지만, 아이의 마음을 우선으로 달래 줘야 하는 이유이다.

아이가 떼를 쓸 때 억지로 말리면 오히려 아이의 저항만 불러일으키고 좌절감을 겪게 한다. 또한 떼를 쓰며 우는 아이를 논리적으로 설득시키려고 하는 것은 완벽한 시간 낭비이다. 감정이 심하게 휘청거릴 때는 이성을 담당하는 두뇌 영역이 전혀 가동되지 않는다. 떼쓰는 아이에게는 논리적인 설득이 들리지 않는다. 오히려 논리적으로 자신을 대하는 엄마의 모습을 보면서 자신을 이해하지 못한다고 느낄 뿐이다. 아이가 원하는 것은 자신의 감정을 들어주고 봐주고 이해해 주는 것이다.

떼를 쓰는 아이에게 말을 건넬 때는 간단명료해야 한다. 무엇보다 엄마가 옆에 있다는 사실을 알려 주어야 한다. 필요하다면 화를 내도 괜찮다. 아이가 팔다리를 버둥거리며 울면 다치지 않게 주위에 쿠션이나 베개를 놔주고, 안더라도 아이의 동작을 지나치게 억압하지 않도록 부드럽게 안아 줘야 한다. 몸을 움직이며 감정을 발산하는 중인 아이를 지나치게 억제하면 오히려 겁을 먹게 되고 감정을 억눌러야 한다고 배우게 된다. 그냥 아이 옆에 앉아 가만히 등을 쓰다듬어 주는 것만으로도 큰 위안을 줄 수 있다.

아이가 어느 정도 감정을 진정한 후에는 아이를 꼭 안아 달래 줘라. 안고 쓰다듬어 주면서 엄마가 얼마나 사랑하고 있는지, 어떤 기분을 느끼고 있는지를 이야기하며, 엄마가 충분히 이해한다는 것을 알려 주어야 한다. "네가 화난 거 엄마도 알아. 기분이 무척 안 좋을 거야. 그래도 괜찮아. 이제 엄마가 알았으니까." 분노와 좌절에 휩싸이는 경험은 아이에게 두려움을 선사하는 만큼 다시 안정을 되찾기까지 한참 동안 울고 흐느껴야 할지도 모른다. 종종 아이는 엄마의 위로를 받고 지쳐 잠이 들기도 한다.

만약 아이가 떼를 쓰면서 물건을 부수거나 부모나 다른 아이를 때린다면 화를 표현할 다른 방법을 즉시 알려 주어야 한다. 화를 내는 것은 괜찮지만 물건을 부수거나 다른 사람을 때려서는 안 된다고 단호하게 인지시켜야 한다.

평소 아이가 화를 느낄 때 다소 폭력적인 행동을 보인다면 아이 앞에 커다란 베개를 대주고 원하는 만큼 세게 때리게 해라. 아이가 충분하다고 느낄 때까지 실컷 때리게 해줘라. 소리를 함께 지르게 하는 것도 좋은 방법이다. 혹은 몸 싸움을 하거나 베개에 손을 대고 힘껏 밀어내게 할 수도 있다. 이때 "이 베개를 때려도 좋아. 하지만 엄마(혹은 아빠, 형제자매, 친구) 몸을 때리는 건 안 돼."라고 행동의 한계를 명확히 지침해 주는 것이 좋다. 다른 사람을 때려 아프게 하는 것과 베개를 때려 감정을 배출하는 것은 전혀 다른 행동임을 알려 주어야 한다. 좌절감을 배출할 안전한 방법을 찾은 아이는 다른 사람을 때릴 가능성이 줄어든다.

아이의 화를 받아 주고 누구도 다치지 않는 방법으로 좌절감을 표현하게 해주면 아이는 믿을 수 없을 정도로 자유롭고 유쾌한 기분을 느끼곤 한다. 그러니 화를 배출하던 아이가 웃음을 터트려도 너무 놀라지 마라.

말이 제법 늘었다면 화를 느낄 때 말로 표현하는 방법을 알려 줘야 한다. 화가 났다고 해서 반드시 소리쳐서 말해야 하는 것은 아님을 가르쳐 줘야 한다. 상대방이 자기 말을 들어줄 거라고 믿으면 감정의 크기가 줄어든다. 사실 아이나 어른이나 누군가 자기 말을 들어줄 거라고 느낄수록 화를 낼 일이 줄어든다.

관계에서 화라는 감정이 생길 경우, 이를 완전하고도 책임 있게 표현해야 관계에 온기와 애정이 되돌아온다.

아이의 '화'를 받아들이기 힘들다

우리가 화라는 감정을 어려워하는 것은 대부분 화를 표출했을 때 벌을 받거나 관계가 깨지거나 거부를 당했던 부정적인 경험이 있기 때문이다.

엄한 부모님 밑에서 자란 사람은 자신의 감정을 표출했다가 혼이 난 경험들로 인해 감정을 억눌러야 한다고 배우게 된다. 또 폭력적이고 자주 화를 내는 부모님 밑에서 자란 사람은 누군가의 감정 표출이 불쾌하고 적대적으로 느껴질 수 있다.

또 화를 폭력의 연장선으로 생각하는 경향이 있기 때문에 화를 부정적이고 잘못된 감정으로 인식하는 경우가 많다. 그렇다 보니 분노가 일면 마음속에 곧바로 경보음을 울리며 화를 숨기거나 없애기 위해 노력하게 된다. 이런 태도가 오히려 관계를 단절시키고 사랑의 감정을 방해한다.

어느 날 아침 루시가 아들 제이콥에게 시리얼을 먹어야 한다고 고집하면서 둘 사이에 기 싸움이 벌어졌다.

제이콥은 "싫어! 안 먹을 거야!"라고 소리를 질렀다. 아들의 큰 소리에 루시는 몹시 화가 났다. 루시는 먹을 것을 빼앗고 방금 한 짓을 반성하라며 아들을 방으로 보내 버렸다. 제이콥은 서럽게 울었다. 그날따라 시리얼이 싫은 걸 어쩌라고, 엄마가 왜 그렇게 자신에게 화를 내는지 도저히 이해할 수가 없었다. 짜증이 났다. 온 마음으로 엄마에게 자신의 감정을 내비친 게 왜 벌을 받아야 하는지 알 수가 없었다.

어느 날 오후 다섯 살 베티나의 집에 친구 툴라가 놀러 왔다. 베티나는 자신의 장난감을 나눠서 노는 게 싫었고 결국 화가 나서 친구 툴라를 밀어 버렸다.

베티나의 엄마 신디는 베티나가 떼를 쓸까 두려워 이를 단호하게 말리지 못했다. 대신 그녀는 다정한 목소리로 딸을 달랬다. "베티나, 친구를 미는 것은 나쁜 행동이야. 툴라에게 미안하다고 사과하지 않겠니?" 엄마의 부자연스러운 태도와 달콤한 목소리에 짜증이 난 베티나는 엄마를 때리고 말았다.

아르만도는 가장인 자신에게 집안의 규칙을 정할 권리가 있다고 굳게 믿었다. 아르만도의 아들 호아킨은 아빠가 자신이 하고 싶어하는 일을 못하게 할 때면 상처를 입고 화가 났다. 그러던 어느 날 호아킨이 아빠에게 대들었다. 잔뜩 화가 난 목소리로 "왜요?"라고 외쳤던 것이다. 아르만도는 호아킨을 노려보며 목청껏 소리쳤다. "난 네 아빠니까! 이제 알겠어?"

호아킨은 아빠의 붉게 달아오른 찡그린 얼굴과 이글거리는 눈빛이 너무 무서웠다. 아르만도는 쿵쿵거리며 돌아서서 생각했다. '이 집 안에서 소리를 지를 수 있는 사람은 나뿐이야!'

호아킨은 샐쭉하고 주눅이 든 마음으로 한동안 자신의 방에 웅크리고 앉아 있었다.

위 세 사례에서 부모들은 모두 아이의 감정을 받아들이기 힘들어하고 있다. 세 부모는 아이로부터 위협을 느꼈고 각자의 방식으로 이에 대처했지만 미숙했다.

루시는 아이를 벌주었고 아르만도는 지배하고 억눌렀으며 신디는 뒤로 물러나 작위적으로 딸을 회유하려 들었다. 세 사례에서 아이들은 모두 감정적으로 고통을 받았고 아이에게 적절한 경계를 제시해 준 부모는 아무도 없었다.

아이의 화를 대하기에 앞서 부모가 자신의 감정적 상처를 보살펴야 아이에게도 더 많은 참을성과 이해를 품을 수 있다. 하고 싶은 만큼 화를 표현하여 갈등을 해결하고 애정을 회복한 경험이 많을수록 아이는 화를 훨씬 더 편안하게 받아들일 수 있게 된다.

아이가 떼를 쓸 때 도움이 되는 태도

떼쓰는 아이를 보다 보면 피가 거꾸로 솟아 자신도 모르게 화를 퍼붓게 될 때가 있다. 떼를 쓰는 아이를 무조건 혼내거나 비난해서는 안 된다. 아이는 배신감과 외로움에 더 깊이 절망하게 된다. 아이의 감정을 지지해 줄수록 자신의 감정을 조절하고 막무가내로 떼를 쓰기보다 효과적으로 표현하는 방법을 터득하게 된다.

아이가 떼를 쓰기 시작하면 천천히 심호흡을 하며 감정을 조절하기 위해 노력해야 한다. 이러한 모습은 아이에게 본보기가 되어 준다. 아이는 짜증이 나고 화가 나는 감정을 조절하면서 침착하게 자신의 옆에 있어 주는 엄마의 모습을 보고 배워 나간다.

아이의 감정을 읽어 주고, 그 곁을 지켜 주는 것은 엄마가 아이에게 주는 큰 선물이자 투자이다. 때때로 아이가 하고 싶어하는 일에 대해 "안 돼!"라고 말해야 하겠지만, 아이의 감정에 대해서는 언제나 "돼!"라고 말해라.

chapter 5

잘못된 훈육은 아이를 작아지게 만든다

아이에게 옳고 그른 행동을 알려 주고
긍정적인 행동 양식을 길러 주는 일은 대단히 중요하다.
그러나 이 과정에서 엄마와 아이는 상처를 받곤 한다.
많은 엄마가 아이의 훈육을 어려워하고 두려워하는 이유이다.
엄마와 아이가 모두 즐겁고 행복한 훈육은 없는 것일까?

훈육의
흔한 함정

아이가 차도로 쌩하니 달려 나간다면, 붐비는 쇼핑몰 안에서 엄마 손을 놓고 마구 뛰어간다면, 다른 아이를 때리거나 밀치고 남의 물건을 뺏으려 든다면, 어떻게 하겠는가? 아이의 돌발적이고 잘못된 행동을 어떻게 다룰 것인가는 부모에게 무수한 질문과 고민거리를 안겨 준다.

이때 부모는 무심코 아이의 행동만을 보게 된다. 그러나 아이의 행동에만 국한해 문제 해결을 하려는 경우 부모의 가르침은 '행동 수정'에서 그치게 된다. 따라서 무엇이 아이의 문제 행동을 이끌었는지 그 감정을 이해해야 한다.

아이를 감정이 아닌 행동을 중심으로 바라보는 건 권위주의적 양육의 특징이다. 권위주의적 양육은 부모가 아이보다 나이가 많고 경험이 많은 어른이기 때문에 아이는 어떠한 의문이나 설명 없이 복종해야 한다고 주장한다. 우리가 아이를 이렇게 바라보는 순간 갈등은 시작된다. 아이를 '말 안 듣는 말썽꾸러기'로 생각하는 순간 불필요한 갈등이 생기는 것이다.

너무 과장된 표현이라고 생각하는가? 권위주의적인 부모는 행동의 옳고 그름을 엄격하게 구분하고, 적절히 체벌을 활용하여 행동이 바른 아이로 키우고자 한다. 단순하게 말해 아이가 잘못하면 벌을 주고 잘하면 상을 준다. 권위주의적 양육에서 벗어나 진보하려면 부모 자신을 행동 관리자로 제한하기보다 아이와의 교감을 추구해야 한다. 즉 아이에게 발언권을 줘야 한다. 존경심은 아이에게 강요하는 게 아니라 자연스럽게 획득하는 것임을 깨달아야 한다.

훈육은 아이에게 도덕이나 품성을 가르치는 것을 뜻한다. 대부분의 부모는 훈육 시 아이의 잘못된 행동을 바로잡아 주거나 올바른 행동을 알려 주게 되는데, 다시 한 번 말하지만 이때 아이의 행동만을 주시해서는 안 된다. 아이의 행동 변화가 엄마에게 인정받기 위해서이거나 벌을 피하기 위해서라면, 아이는 엄마라는 독립된 존재에 대해 알지 못하고, 엄마의 감정을 배우지 못한다. 엄마의 감정을 통해 자신의 행동이 상대에게 어떻게 느껴지는지 배우지 못한 아이는 그저 혼나지 않기 위해 착하게 행동한다.

보통 많은 부모가 훈육 시 체벌과 보상의 방법을 사용한다. 얼핏 생각하면 보상의 방법이 가장 긍정적으로 여겨질 것이다. 그러나 이 방법 역시 권위주의적 훈육 방법이다. 놀라운가? 원래 체벌의 반대가 보상이 아니었던가? 이 점에 대해서는 이후 더 자세히 살펴보기로 하자.

행동 변화가 엄마에게 인정받기 위해서이거나
벌을 피하기 위해서라면,
아이는 엄마라는 독립된 존재에 대해 알지 못하고,
엄마의 감정을 배우지 못한다.
엄마의 감정을 통해
자신의 행동이 상대에게 어떻게 느껴지는지 배우지 못한 아이는
그저 혼나지 않기 위해 착하게 행동한다.

또 부모 자신도 모르게 자주 사용하는 훈육 방법이 있는데 그것은 바로 수치심이나 죄책감을 안겨 주는 것이다. 아니 세상에 어느 부모가 아이에게 이럴까 싶은가? 훈육에 효과적이라고 말할 때 그 효과란 정확히 무엇을 말하는 걸까? 우리가 정말로 신경 써야 할 것은 아이의 행동 변화가 전부일까? 훈육의 함정은 바로 '감정'이 배제된다는 것이다. 지금부터 부모가 흔히 사용하는 훈육의 방법들을 하나씩 살펴보도록 하자.

어디까지가
'사랑의 매'일까?

흔히 부모가 아이를 가르치기 위해 드는 매를 '사랑의 매'라고 부른다. 요즘에는 학교에서조차 체벌이 사라졌을 정도로 체벌에 대해 부정적인 의식이 강해졌지만, 여전히 가정에서는 훈육의 한 방법으로써 체벌을 하는 경우가 있다.

체벌이라는 표현은 다소 부정적으로 들리기 쉽다. 하지만 부모의 감정을 배제하고 잘못된 행동에 대해서만 약속된 벌을 줄 수만 있다면, 얼마든지 긍정적으로 활용할 수 있다고 말하는 부모도 많다. 그들은 흔히 다음과 같이 말한다.

"체벌을 사용하면 효과적으로 아이에게 옳고 그름을 가르칠 수 있어요!"
이들은 아이가 도로로 뛰어드는 경우처럼 위험한 행동에 대해서는 다소 강압적일지라도 반드시 가르쳐야 한다고 말한다. 그리고 체벌만큼 빠르게 아이에게 옳고 그름을 가르칠 수 있는 건 없다고 말한다. 그러나 연구 결과를 보면 체벌은 아이에게 절대로 도덕적 교훈을 가르쳐 주지 않는다. 오직 힘의 윤리만이 옳다는 것을 가르쳐 준다. 미국의 심리학자 엘리자베스 거르쇼프는 육체적 체벌에 대한 지난 60여 년간의 전문가 연구 결과를 분석하여 그 결과를 살펴보았다. 체벌은 일시적으로 아이의 행동을 변화시킬 수는 있지만, 도덕적 교훈을 전달할 수 없다는 결과가 압도적이었다. 즉 체벌은 아이의 마음을 변화시키지는 못하는 것이다. 고통을 주면서 어떻게 사랑을 가르쳐 줄 수 있겠는가?

부모는 아이의 첫 번째 본보기이다. 체벌은 몸집이 큰 사람이 신체적인 우위를 이용해 상대를 위협하여 분쟁을 해결할 수 있다는 생각을 심어 준다. 즉 '힘이 곧 정의'라는 생각을 갖게 한다. 이를 증명하듯 어려서 체벌을 많이 받은 아이일수록 폭력적인 어른으로 자랄 가능성이 크다는 사실이 많은 연구에서 드러나고 있다. 이렇듯 체벌은 의도와 정반대의 결과를 낳는다.

우리가 하는 행동이나 태도는 이성보다 감정에 영향을 훨씬 많이 받는다. 두뇌해부학에서 새롭게 밝혀진 내용을 보면 두뇌의 감정중추가 언제나 이성적인 사고중추를 지배해 왔다. 그러므로 체벌을 통해 도덕적인 개념을 심어 주려고 하기보다는 교감을 통해 아이의 마음에 전달하는 게 훨씬 효과적이다.

"화가 나서 때리는 게 아니라, 사랑하니까 때리는 거예요. 나중에 아이를 꼭 안아 주는 걸요."

아이는 사랑해서 때리는 것과 미워서 때리는 것의 차이를 과연 알까? 심리학자들은 지난 수십 년 동안 학습은 연관을 통해 이루어진다는 것을 밝혀 왔다. 물리적인 고통과 사랑을 연관 짓는 체벌은 아이에게 혼란을 불러일으킬 수 있다. 더욱이 체벌이 반복되면 아이의 마음속에서 사랑과 고통의 경계가 흐려지고 사랑과 지배가 융합하게 된다. 이는 아이가 이후 맺어 갈 관계에 악영향을 미친다. 설령 아이를 체벌한 다음에 안아 준다고 해도 말이다.

"살짝 한두 대 정도 때리는 것은 괜찮아요."

그저 손바닥을 몇 대 때리는 정도는 큰 문제가 아니라고 생각하는가? 아이가 고통을 어느 정도까지 받아들을 수 있을지 궁금하다면 아동발달 전문가보다 아이에게 물어보는 게 훨씬 빠르고 정확하다. 아이에게 물어보고 솔직하게 대답할 여유를 줘라.

가해자의 의도와 상관없이 당하는 사람 쪽에서는 언제나 폭력으로 느껴지기 마련이다. 연구 결과를 보면 부모는 아이를 때릴 때 자신의 힘을 과소평가하는 경향이 있다. 아이의 민감한 피부는 부모가 생각하는 것 이상으로 충격을 받는다.

살짝 한 대라도 폭력인지 아닌지에 대한 판단은 아이의 몫이다. "엄마가 아무리 주의를 주어도 네가 말을 안 들었잖아. 그러니 그때는 당연히 혼나야겠지?"와 같이 정답을 강요하지 마라. "엄마가 너를 때렸을 때 기분이 어땠어?"라고 물어보고, 아이에게도 솔직하게 대답해도 된다고 안심을 시켜라.

| 더 알아보는 과학육아 |

아이들의 속마음

1998년 영국 아동국과 세이브더칠드런Save the Children 영국 지부는 다수의 5~7세 아이들에게 체벌을 당할 때 기분이 어떠한지 물었다. 그러자 누구도 체벌의 영향력을 가볍게 볼 수 없을 만큼, 가슴 아픈 대답들이 나왔다.

"누가 망치로 한 대 때리는 것 같아요."
"몸도 아프지만 마음이 너무 아파요."
"더는 엄마 아빠가 좋게 느껴지지 않아요."
"음, 엄마·아빠가 나한테 아주 못된 짓을 한 것 같아요. 또 많이 아프니까 멀리 달아나고 싶은 그런 기분이에요."

아이에게 체벌이 어떤 느낌일지 손쉽게 알아보는 방법이 있다. 바로 배우자나 직장 상사가 나를 혼내며 등이나 팔을 살짝 때렸다고 생각해 보는 것이다. 기분이 어떤지 말이다. 또 하나의 방법은 어린 시절로 돌아가 보는 것이다. 부모님에게 맞았을 때 기분이 어땠는가? 물론 잘못을 저질렀을 것이다. 하지만 여기서 묻는 것은 잘못의 유무가 아니다. 맞을 때, 설령 그것이 아주 미미한 체벌이었을지라도 기분이 어떠했는가이다.

나	"맞았을 때 기분이 어땠나요?"
부모	"뭐, 맞을 만했지요. 지독한 말썽꾸러기였거든요."
나	"내가 묻고 싶은 건 맞을 때 당신 기분이 어땠느냐는 거예요."
부모	"아, 괜찮아요. 다 잊었어요." (보통 웃으며 손사래를 친다.)
나	"잊었다고요? 정확히 무엇을 잊었다는 말이죠?"
부모	"글쎄요. 당연히 슬프고 아팠겠지만, 아시다시피 애들이란 원래 그렇잖아요. 하지만 금세 다 잊어버렸어요. 이 정도 안 맞고 자란 사람은 없잖아요."

이처럼 간혹 체벌을 흔한 일로 치부하며 정당화하는 부모도 있다. 사실 내면의 아이는 숨는 것을 좋아하고 꼬치꼬치 캐묻는 시선을 좋아하지 않는다. 어른들은 어린 시절의 감정을 꽤 깊숙한 곳에 숨겨 둔다. 어릴 때 겪었던 내 감정에 대해 정확히 알기 위해서는 때로는 가만히 앉아 옛 기억을 떠올리며 몸의 반응을 살펴봐야 한다. 감정 기억은 몸의 감각과 자극을 통해 드러난다. 우리 몸이 뭐라고 말하는지 귀를 기울여야 어

린 시절 어떤 감정을 느꼈는지 정확히 알아낼 수 있다. 어린 시절 스스로 어떻게 느꼈는지를 기억해 내면 다른 사람에게 들은 이야기를 통해 만들어진 자신의 이미지에서 진짜 나의 모습을 분리시킬 수 있다.

어렸을 때 맞고 자랐다고 해서 모든 사람이 공격적이거나 우울하거나 불안한 어른으로 자라는 것은 아니다. 어린 시절 맞은 기억 때문에 공격성에 둔감해질 수도 있고 그만큼 딱딱한 성격과 태도를 가질 수도 있지만, 반드시 심각한 문제 행동을 일으키는 것은 아니다. 공격으로부터 스스로를 지키기 위해 무덤덤해질수록 폭력에 대한 참을성도 강해진다. 다른 사람의 감정에 무감각한 것처럼 보이기도 한다. 이런 사람은 단호하며 차갑고 극단적인 성격을 띠며, 때로는 가차 없는 경쟁을 통해 훌륭한 지위와 성공을 거머쥐기도 한다. 또 다른 사람에게도 노력을 강요하며, 나약함을 잘 참지 못하는 경향이 있다. 이처럼 처벌이 가져오는 결과는 매우 다양하지만, 절대로 긍정적이지 않다.

| 더 알아보는 과학육아 |

체벌이 문제 행동을 야기한다

문화적으로 체벌을 인정하는 사회에서도 체벌은 다양한 사회악의 요인이 되곤 한다. 부모에게 맞으며 자란 아이는 부모의 말에 귀 기울이지 않고 공격적이고 반항적으로 자랄 가능성이 크다. 부모들이 기대한 효과와 정반대의 결과를 낳는 것이다. 아이가 더 크면 체벌은 학교 폭력, 불안감, 우울증을 유발할 수 있으며 어른이 되어서는 알코올 중독과 가정 폭력의 요인이 될 수 있음이 밝혀졌다.

설령 살짝 때리는 한 대일지라도 이는 아이에게 폭력을 인정해 주는 결과로 이어질 수 있다. 45곳의 다양한 사회를 살펴본 한 비교 연구에서 폭력 범죄율이 가장 높은 사회는 아동에 대한 체벌 정도가 가장 높은 것으로 드러났다.

2004년 캐나다에서 발표한 아동과 청소년의 체벌에 관한 공동 선언문에는 다음과 같은 대목이 있다.

"증거는 분명하고 명백하다. 아동과 청소년의 체벌은 양육에 어떠한 유용한 역할도 하지 않고 오직 발달상 위험만 일으킬 뿐이다. 결론 역시 마찬가지이다. 부모는 훈육 방식으로 체벌 대신 긍정적인 대안을 고안할 것을 강력히 권고하는 바이다."

체벌은 확실히 아이의 행동을 단기간에 개선시키는 방법일지도 모른다. 하지만 그만큼 아이에게 미치는 부작용도 크며, 효과 역시 일시적인 경우가 많다. 비록 느릴지라도 아이의 감정을 읽어 주고, 감정에 호소하다 보면 체벌로는 꿈도 꾸지 못할 놀라운 효과를 볼 수 있음을 명심해야 한다.

수치심은
아이의 가능성을 앗아간다

아이에 대해 욕심 없는 부모가 어디 있을까? 그런데 이런 마음과는 별개로 부모는 대수롭지 않은 말과 행동으로도 아이의 그릇을 작아지게 만들고, 아이의 무한했던 세계를 무너뜨리곤 한다.

아이는 두 돌이 될 무렵부터 수치심을 느낄 수 있다. 말을 할 줄 알게 되고 자아의식이 생기기 때문이다. 이때 엄마가 아이에 대해 어떻게 말하는가에 따라 아이의 자아 정체성이 형성된다. 부모가 하는 말 하나하나가 아이의 자아 이미지를 색칠하는 것이다.

이 시기 아이는 수치심에 몹시 취약하다. 말뿐만이 아니다. 말 없이 아이를 바라보는 시선만으로 아이에게 수치심을 안겨 줄 수 있다. 눈빛은 감정과 의도를 대변해 준다. 그렇다면 수치심이란 도대체 무엇일까? 수치심은 스스로를 부끄럽게 여기는 마음이다. 자신이 다른 사람으로부터 존중받지 못하고 거부당하며, 무가치하게 여겨진다고 느끼는 감정이다.

처음부터 수치심을 갖고 태어나는 사람은 없다. 수치심은 다른 사람이 안겨 줄 때 느낄 수 있다. 아이들은 무시를 당하거나 외면당할 때 수치심에 빠져든다. 아이들은 선천적으로 자기애가 강하기 때문에 자신에게 일어난 일은 모두 자기 때문이라고 생각하는 경향이 있다. 버림을 받거나 무시를 당한다고 느낄 때마다 자신이 나쁘고 잘못해서라고 생각한다.

수치심을 느끼는 순간, 두뇌는 그 사람의 말과 표정, 당시 느낀 감정까지 대뇌변연계(감정중추)의 신경 회로를 통해 저장한다. 그리고 나중에 유사한 상황이 생기면, 이때의 기억을 다시 재생시킨다. 아이는 과거의 기억이 계속 재생되고 있는 줄도 모르고, 이 저장된 이미지를 통해 스스로를 판단한다. 즉 다른 사람이 자신에게 안겨 준 수치심을 똑같이 자신에게 안겨 주는 것이다.

따라서 아이가 수치심을 받았을 때에는 적극적으로 달래 주고 위로해 주어야 한다. 그 기억은 아이가 나중에 같은 상황에 놓였을 때 스스로 위로하는 힘이 되어 준다. 심리학자들은 이를 '수치심 보수shame-repair'라고 부른다. 수치심 보수의 기억이 축적되면 이후 수치심을 극복할 수 있는 힘을 기를 수 있다.

혹시 아이에게 한 번도 수치심을 준 적이 없다고 생각하는가? 그렇다면 다음 예시를 살펴보길 바란다.

수치심을 주는 방법	예시
직접 수치심 주기	아이고, 창피해라. 이게 얼마나 부끄러운 일인 줄 아니?
혹평	이런 못된 녀석 같으니! 버르장머리 없이! 어쩜 이렇게 너밖에 모르니. 이 울보야!
설교	착한 아이는 이렇게 행동하지 않아. 나쁜 애들처럼 행동해야겠어?
나이에 대한 기대치	아기처럼 굴지 좀 마! 다 큰 아이는 울지 않아.
성별에 대한 기대치	사내애처럼 질질 짜기나 하고! 여자애가 조신하게 행동해야지.
능력에 대한 기대치	넌 아예 이쪽에 재능이 없구나. 노력이라도 좀 해봐라!
비교	왜 형처럼 못하는 거야? 다른 아이들이 어떻게 행동하는지 좀 봐봐라. 사람들이 너에 대해 뭐라고 생각하겠니?
무시	화가 나서 고개를 돌려 버린다. 아이가 옆에 없는 것처럼 행동한다. 아이를 혼자 놔두고 가버린다.
수치심을 주는 표정	어이가 없다는 듯 한숨을 쉰다. 고개를 절레절레 흔든다. 참을 수 없다는 듯이 아이를 노려본다.

아이에게 수치심을 주는 예시

이것들이 아이에게 수치심을 주는 엄마의 말과 행동이다. 어떤가? 이와 비슷한 말이나 행동을 한 적은 없는가?

일부러 아이에게 수치심을 안겨 주는 엄마는 없다. 다만 아이에 대한 기대와 욕심에 자신도 모르게 수치심을 주게 되는 것이다. 물론 아이에게 수치심을 주어 행동을 개선시킬 수는 있다. 하지만 그로 인해 받은 상처는 쉽게 아물지 않는다. 수치심 안겨 주기는 체벌보다 더 큰 상처를 준다. 아이는 수치심에 엄청나게 취약하다. 어른이 생각하는 것보다 훨씬 더 깊이 수치심을 받아들인다.

그만큼 수치심 주기는 아이의 행동을 쉽게 통제할 수 있는 훈육 방법이기도 하다. 문제는 수치심을 안겨 주는 방법은 아이의 행동이 다른 사람에게 어떤 영향을 미쳤는가에 대해 이야기하는 것이 아니라 아이에 대해 평가한다는 점이다. 이는 곧 아이의 자존감과 자아의식에 상처를 입힌다. 그로 인해 일순간 부모가 원치 않는 행동을 멈춘다. 하지만 아이에게 깊은 상처만을 남기는 행동 수정이 과연 어떤 의미가 있을지는 생각해 봐야 할 것이다.

수치심의 결말

아이는 주변에서 듣고 말하는 대로 자신을 바라본다. 특히 엄마의 말은 아이의 자아 이미지 형성에 가장 큰 영향력을 행사한다. 이는 아이의 마음속 깊이 새겨져 성격 형성의 초안이 된다. 그야말로 말이 씨가 되는 것이다. 아이를 향해 부정적인 말(혹은 표정이나 행동)을 많이 할수록 그렇게 될 가능성이 커진다.

아이를 가지마다 무수히 많은 불빛으로 반짝이는 커다란 나무라고 생각해 보자. 아이에게 수치심을 안겨 줄 때마다 이 불빛이 하나씩 꺼지고 나무의 밝기가 줄어든다. 아이는 부모 말을 잘 듣고, 매사에 공손하며 예의 바르게 행동하는 착한 아이로 자라겠지만, 정작 자신에 대해 어떤 자긍심도 갖지 못한다.

수치심의 경험은 아이의 본성과 태도를 바꾸기도 한다. 어렸을 때 운다는 이유로 아버지에게 심하게 혼이 난 이후로 매사에 냉담하고 무심하게 행동하게 된 사람이 있다. 창조적이고 예술적인 충동을 표현하고 싶지만, 사내자식이 예민하게 군다고 아버지에게 혼이 난 뒤로는 자신의 충동을 억누르게 된 사람도 있다. 아무리 부당한 대우를 받아도 불평 한마디 못하는 여자도 있다. 어렸을 때 참을성 없이 불평한다고 심하게 혼이 난 이후로 참는 것이 버릇이 되어 버렸다.

수치심은 체벌과 마찬가지로 '난 뭐가 문제지? 어떻게 해야 사람들이 날 좋아하게 될까?' 등 자기 의문과 혐오에 빠지게 한다.

심한 경우 수치심은 분노로 바뀌기도 한다. 심리학자들은 수치심과 분노 사이에 깊은 상관관계가 있음을 밝혀냈고, 이를 '수치심 분노shame rage' 혹은 '모욕당한 격노humiliated fury'라고 부른다. 분노의 보복은 너무 늦게 나타나기도 하며 때로는 전혀 상관없고 잘못 없는 상대에게 쏟아지기도 한다.

평소 수치심을 많이 느낀 아이는 작은 수치심에도 과잉 반응하기가 쉽다. 수치심으로 고통받는 아이는 분노로 폭발할 가능성이 크고 애꿎은 사람에게 분노를 분출하기도 한다. 체벌만큼 수치심을 안겨 주는 부모의 행동 역시 학교 폭력처럼 문제 행동의 원인이 되는 것이다.

그렇다고 수치심을 느끼는 사람이 모두 애꿎은 사람을 괴롭히는 것은 아니다. 보다 유연하고 내향적인 성향을 타고난 사람은 다른 방식으로 수치심의 멍에를 둘러쓴다. 이들은 쉽게 위협당하고 피해를 보기 때문에 또래의 희생양이 되곤 한다. 강박적으로 착한 아들, 착한 딸이 되는 길을 택하기도 한다. 혹은 강박적인 완벽주의자가 되거나 자기 비하에 빠진다. 이렇게 수치심 안겨 주기는 타고난 기질과 상호 작용을 하면서 다양한 반응을 낳는다. 그러나 어떤 경우이든 수치심은 삶을 파괴하고 많은 고통을 안겨 주며 필요 없는 갈등과 사회적 고립을 야기한다.

뿐만 아니라 수치심은 엄마와 아이 사이를 이간한다. 거리감을 만들고 신뢰를 손상시킨다. 수치심이 아이의 마음에 하나둘 쌓일수록 관계에 균열이 생기고 유대감은 낮아진다.

이런 아이들은 나중에 배우자나 친구에게도 감정적으로 솔직해질 수 없게 된다. 수치심 때문에 느껴서는 안 된다고 생각되는 감정들이 많기 때문이다. 자신의 감정에 대해 혼란을 느끼는 탓에 삶에서 중요한 사람과 관계를 맺는 일조차 어려움을 느낀다.

수치심 주기는 아이의 행동을 쉽게 통제할 수 있는
훈육 방법이다.
문제는 수치심을 안겨 주는 방법은 아이의 행동이
다른 사람에게 어떤 영향을 미쳤는가에 대해
이야기하는 것이 아니라
아이에 대해 평가한다는 점이다.
이는 곧 아이의 자존감과 자아의식에 상처를 입힌다.

| 더 알아보는 과학육아 |

수치심의 심리학

가정에서 언어 폭력을 자주 경험한 아이들은 공격적이고 반사회적인 행동을 하거나 심지어 비행을 저지를 우려가 크다. 임상심리학자 거쉰 카우프만 박사는 저서 『수치심의 심리학』에서 수치심을 불안, 성격 장애, 강박 장애, 공포증의 주요 원인으로 꼽았다. 수치심은 또한 중독 장애와 섭식 장애와도 강력한 연관이 있다.

칭찬이 답일까?

수치심과 달리 칭찬은 많이 해줄수록 좋을 것이라고 생각하기 쉽다. 물론 칭찬은 아이의 마음을 어루만져 주는 등 긍정적인 효과를 낳는다. 하지만 칭찬 자체가 문제를 일으키기도 한다. 칭찬이 잘못된 감정에 기인했을 때이다.

부모가 느끼는 감정들 중에는 자부심과 자기애가 있다. 자부심과 자기애는 서로 다른데, 자신이 잘하거나 뛰어난 점에 대해 느끼는 감정이 자부심이라면, 있는 그대로 인정하는 감정이 자기애이다. 긍정적인 성과와 성취를 냈을 때 느끼는 감정이 바로 자부심인 것이다. 이런 칭찬은 결과에 주목하게 만든다. 이것이 반복될 경우 아이는 부담감을 느끼고 실패를 두려워하게 될 수 있다. 반면에 어떠한 결과나 기대가 아닌 아이의 노력 자체에 자부심을 느끼고 건넨 칭찬의 말은 심지어 아이가 결과에 만족하고 있지 않을 때조차 대단히 긍정적인 힘을 발휘한다.

그렇지만 목적을 위한 칭찬인지, 목적 없는 칭찬인지 어떻게 구별할 수 있을까? 나 역시 딸아이에게 칭찬의 말을 건넬 때면 내 동기가 순수한 것인지, 아니면 더 잘하라는 부추김이 숨어 있는 것인지 확실히 모를 때가 있다. 그럴 때면 이렇게 자문하곤 한다. 딸이 좋은 성과를 내지 못해도, 나쁜 행동을 할 때도 자랑스러울까? 이렇듯 끊임없는 자문을 통해 건강한 자부심과 조건적인 자부심을 구별하고자 노력한다.

건강한 자부심은 경쟁적이지 않다. 등급을 매기거나 점수를 주거나 비교하지 않는다. 진정한 기쁨에는 '누가 누구보다 낫다'라는 개념이 없다.

부모는 종종 아이에게 보답을 바란다

"내가 널 위해서 얼마나 많은 일을 했는데……."
"네가 어떻게 엄마한테 이럴 수가 있니?"
"너희는 정말 엄마를 너무너무 피곤하게 하는구나."
"너도 커서 딱 너 같은 애를 낳아 봐라. 그러면 내 마음을 알게 될 거다."
"네가 정말로 엄마를 생각한다면 이렇게 하면 안 되는 거야."
"이 세상에 굶는 사람이 얼마나 많은데 밥을 먹지 않겠다는 거니?"
"너는 지금 네가 얼마나 행복한 건 줄 아니?"

무척 익숙한 말들인가? 엄마는 아이를 위해 자신의 먹는 것, 입는 것은 물론 자신을 위한 시간까지 포기하며 살아간다. 오직 아이를 위한 순수한 마음 하나로 말이다. 그러나 잘 생각해 보면 엄마의 마음은 이미 순수함을 잃었다. 그저 건강하게 자라기만을 바랐던 순수했던 마음은 고단한 양육의 시간이 반복되고 아이가 성장하면서 조금씩 바뀌게 된다.

아이의 부족한 부분이 눈에 들어오기 시작하고, 자신의 노력에 대해 기대를 하게 된다. 엄마 자신의 삶마저 바쳐 가며 키운 아이인 만큼 욕심은 더욱 커져만 간다. 아이의 성과만이 삶의 기쁨인 것처럼 되어 버린다. 그러다 보니 자신도 모르게 앞의 말들을 내뱉게 되는 것이다.

이 말들은 아이에게 죄책감을 심어 준다. 죄책감은 수치심과 마찬가지로 남을 의식하는 감정이다. 아이를 자꾸 작아지게 만들고 자신의 세계에 갇히게 하는 감정이다. 그러나 죄책감과 수치심 사이에는 결정적인 차이가 있다. 수치심이 자존감을 상실하게 한다면, 죄책감은 책임에 대해 집착하게 만든다. 이때의 책임은 죄에 대한 보상이 아닌 죄에 따른 벌을 피하고 싶은 마음이다. 즉 용서받음으로써 의무를 면제받고 싶은 이기적인 바람이다. 아마 모든 감정 중 가장 자기중심적인 감정일 것이다.

앞의 말들은 아이가 마치 엄마에게 빚을 진 것처럼 느끼게 한다. 죄책감을 느낀 아이는 엄마의 눈치를 살피며, 엄마의 마음에 들기 위해 노력한다. 이는 엄마를 향한 사랑의 표현이 아니다. 그저 빚을 청산하고자 하는 마음이다. 결국 죄책감은 엄마와 아이 사이를 멀어지게 한다.

칭찬과
보상의 진실

엄마들과 만나 이야기를 나눠 보면, 저마다 다양한 방법으로 아이들을 이끌어 주고 있는 것을 알 수 있다. 숙제를 잘 하거나 부모를 도와줄 때마다 아이가 좋아하는 만화 프로그램을 볼 수 있게 해주거나, 평소 아이가 먹고 싶어했거나 하고 싶어했던 것을 허락해 주기도 한다. 이 방법들을 살펴보면 하나의 공통점을 알 수 있는데, 바로 '칭찬과 보상'이라는 점이다.

사실 칭찬과 보상은 집에서 가장 많이 사용하는 훈육 방법이다. 아이에게 상처를 주거나 관계를 해치지 않으면서도 아이의 행동을 긍정적으로 이끌 수 있는 방법으로 여겨지기 때문이다. 칭찬과 보상이 아이의 행동을 수정하는 데 효과적임을 증명한 과학적 증거들 역시 이러한 생각에 힘을 보태 주었다. 행동심리학자들은 칭찬과 보상을 황금알을 낳는 거위로 여기기도 하였는데, 정말 그럴까?

어느 정도 알고 있겠지만, 칭찬과 보상에도 함정이 있다. 다음의 함정들을 통해 칭찬과 보상의 방법을 사용할 때 어떤 점에 유의하고 신경 써줘야 하는지 조작해 볼 수 있을 것이다.

칭찬은 조건적이다

잘할 때만 칭찬을 받아 온 아이는 사랑을 조건적으로 경험한다. 칭찬을 받을 때 비르소 존재 가치를 인식하는 것이다. 그러다 보니 좋아서 하는 것이 아니라 칭찬 받고 엄마를 기쁘게 해주고 싶은 마음에 행동하게 된다. 당연히 칭찬과 보상이 사라지게 되면 열정과 동기까지 같이 무너져 버린다. 이처럼 보상이 멈추면 행동까지 멈추는 현상을 '행동 소거'라고 부른다. 이를 방지하기 위해서라도 끊임없이 아이에게 보상을 마련해 줘야 한다.

칭찬과 보상은 잘못된 자긍심을 심어 준다

칭찬을 많이 받는 아이는 결과가 좋을 때 자신에 대해 좋은 감정을 품는다. 그러나 자신에 대해 좋게 생각하는 것과 자신의 가치를 무조건 믿는 것은 다르다. 전자는 다른 사람을 만족시키고 기대한 만큼의 인정을 받았기 때문에 생긴다. 스스로 자신감을 갖고 행복감을 느끼기 위해 타인의 인정이 필요한 것이다.

이런 상황이 지속되면 주체적으로 살지 못하고 타인의 인정과 칭찬에 집착하는 어른으로 자랄 수 있다. 물론 칭찬은 엄청난 동기 부여이자 만족감을 선사한다. 하지만 그것의 결과에 상관없이 자신이 정말로 좋아하는 일을 하고, 주체적으로 놀고, 가족과 친구와 긴밀한 시간을 보내는 데서 행복과 자긍심을 느끼는 아이의 내일이 더 기대되는 것은 나만이 아닐 것이다.

칭찬은 때로 반항의 원인이 되곤 한다

칭찬과 보상은 유혹적이다. 누군들 칭찬을 좋아하지 않겠는가? 칭찬을 받기 위해 사람들은 더욱더 열심히 노력하게 된다. 그런데 칭찬 역시 질릴 때가 있다. 더 이상 자극이 되지 않는 것이다. 이뿐만 아니라 칭찬은 미끼를 달고 있다. 칭찬을 받으려면 착한 일을 해야 한다는 조건이 붙는다. 책을 얌전히 잘 읽은 아이는 엄마로부터 "야유, 착해라. 혼자서 책도 잘 읽네."라며 칭찬 세례를 받지만, 책을 던지거나 거부하면 칭찬 역시 받지 못한다.

엄마가 원하는 행동을 해야 칭찬을 받을 수 있다는 구조는 아이에게 반감을 심어 주는데, 이는 청소년기 반항의 원인이 되곤 한다.

보상은 진실의 눈을 가린다

아이로부터 긍정적인 행동과 자세를 이끌기 위해 평소 칭찬과 보상의 방법을 자주 사용할 경우 자칫 놓치기 쉬운 것이 있다.

예를 들어 어느 날 아이가 도통 잠을 자려고 하지 않는다. 저녁에 해야 할 일이 많았던 부모는 아이를 얼른 재우기 위해 빨리 자면 내일 아침 아이가 좋아하는 핫초코를 주겠다고 설득할 수 있을 것이다. 어쩌면 이 방법이 효과가 있을지도 모른다. 하지만 아이가 왜 편안하게 잠들지 못하는지 그 이유는 알지 못한다. 아이는 오늘 낮에 친구와 있었던 일 때문에 스트레스를 받고 있을지도 모른다. 어쩌면 단절감이나 불안감을 느끼고 있을 수도 있다. 아이는 그런 감정들을 인정받으며 잠들 때까지 위로받고 싶었을 수도 있다. 다음 날 아침 핫초코가 마시고 싶어 용기를 내 잠을 청하는 사이 아이는 훨씬 더 깊은 외로움과 불안감을 느낄 것이다. 핫초코라는 보상은 아이가 진짜 행복하게 잠들기 위해 필요한 것, 즉 엄마와 마음속 깊이 나누는 위로와 교감을 그럴듯하게 덮어 버린다.

이런 예도 있다. 한창 책 읽기를 좋아하던 아이가 어느 날부터 책을 거들떠보지도 않고 멀리한다. 보다 못한 부모가 책을 한 권씩 읽을 때마다 용돈을 주겠다고 약속한다. 당분간은 확실히 효과가 있겠지만, 그 보상이 책 읽기의 재미를 되돌려 주지는 못할 것이다. 오히려 책 읽기를 더 싫어하게 만들 수도 있다. 차라리 책이 읽기가 싫어진 이유가 무엇인지 물어보는 게 현명했을 것이다.

아이는 엄마가 사다 주는 책이 싫었던 것일지도 모른다. 그저 책 읽기가 싫어졌을 수도 있다. 최근 읽은 책 내용이 너무 슬프거나 두서워서 다른 책을 읽고 싶지 않은 것일지도 모른다. 이런 경우 즐겁고 따뜻한 책을 아이에게 들려준다면, 책을 다시 좋아하게 될지도 모른다.

아이가 엄마에게 무엇을 바라는지 모든 가능성을 열고 생각해 보아야 한다. 아이에게 물질적 보상을 제시한 순간, 아이의 마음을 알 기회는 영영 사라진다. 아이에게 진정 필요한 도움을 줄 수 있는 기회를 잃어버리는 것이다.

보상의 힘은 절대적이지 않다

아이들은 뭐든 열심히 하며 서로 경쟁한다. 우리가 그렇게 만들었다. 아이들은 상을 받으려고, 부모나 교사의 "참 잘했어요!" 라는 말을 들으려고 전력을 다한다.

아이들은 특히 감정적으로 안정감을 느끼지 못할 때 더 열심히 노력한다. 평소 심리적으로 불안하고 외로웠던 아이에게 칭찬과 보상은 생명줄이나 다름없다. 부족한 감정적 안정감을 불완전한 자긍심으로 채우는 것이다. 반면에 심리적으로 안정된 아이는 상대적으로 칭찬에서 얻는 기쁨이 약하다. 마음속에 자리하고 있는 기쁨이 훨씬 강하기 때문에 밖에서 갈구할 필요가 없는 것이다.

칭찬과 보상은 아이의 행동을 유도할 수는 있지만 그 마음까지 움직일 수는 없다. 심리학자 알피 콘은 저서 『보상이 벌이 될 때』에서 조작적인 전략의 허술한 면에 대해 설명한다.

예를 들어 미국의 한 패스트푸드 체인점에서 독서를 장려하기 위해 책을 읽는 학생들에게 음식 상품권을 주기로 했다. 처음에는 이 캠페인이 성공을 거두는 것처럼 보였다. 아이들의 독서율이 높아진 것이다. 그런데 나중에 알고 보니 아이들이 책을 많이 읽기는 했지만, 되도록 작고

쉬운 책을 골라 읽었으며 보상을 받지 않는 상황에서는(집에서) 책을 예전보다 읽지 않은 것으로 드러났다. 패스트푸드 체인점의 보상 프로그램은 인상적인 성공을 거두는 것 같았지만, 아이들이 독서 자체를 좋아하게는 결국 만들지 못했다.

알피 콘은 교실에서 외적 보상이 어떤 영향을 끼치는가도 보여 준다. 아이들은 위험한 도전을 회피했으며 탐나는 보상을 얻기 위해 필요한 최소한의 행동관을 지향하는 모습을 보였다. 아이들의 창조성이 발달되기는커녕 질마저 떨어졌다. 이처럼 보상과 강제에 기초한 교육은 깊이 있는 학습을 이끌지 못한다. 공부에 대한 열정을 지피고 학습에 일관성을 부여하려면 아이들에게는 내적 보상이 필요하다. 즉 사랑의 힘이 필요하다.

이렇게 말하면 "그러면 아이에게 칭찬이나 상을 주지 말라는 건가요?" 하고 묻는 경우가 많다. 아이를 키우다 보면 너무나도 자랑스럽고 기특한 순간이 끊임없이 찾아온다. 이를 참을 이유는 전혀 없다. 아이에게 힘이 되어 줄 수 있는 칭찬과 보상도 줄 수 있어야 한다. 그렇다면 어떻게 해야 하는 것일까?

외적 보상과
내적 보상

보상에는 내적 보상과 외적 보상이 있다. 외적 보상은 주로 아이가 하기 싫어하는 일을 권할 때 쓴다. 숙제를 하면 용돈을 주고, 병원에 갔다 오면 아이스크림을 사주는 식이다. 아이가 하는 일과 보상에는 아무런 연관성이 없다.

- 외적 보상의 예
  - 아이에게 "우리 아들 착하지." "우리 딸 착하지."라고 말하며 행동을 권유한다.
  - 아이가 원하는 소원을 들어준다.
  - 아이에게 조건적인 칭찬과 애정을 준다.

외적 보상은 태엽처럼 매우 정확하고 규칙적인 효과가 있다. 아이가 좋아하는 간식을 약속하거나, "우리 아들 착하지."하고 부추기만 하면 부모가 바라는 행동을 유도할 수 있다. 그러나 외적 보상은 아이의 마음까지 바꾸지 못한다. 앞서 말한 예처럼 용돈을 주어 책을 읽게 할 수는 있어도 책을 좋아하게 만들 수는 없다. 다시 말해 외적 보상은 아이의 감성지능을 향상시킬 수는 없다. 아이의 마음이 배제되기 때문이다.

그렇다면 외적 보상이 도덕적 교훈을 가르쳐 줄 수 있을까? 존댓말을 쓰고 감사의 인사나 사과의 말을 적절히 사용한 아이에게 칭찬을 하면 확실히 예의범절을 가르쳐 줄 수는 있겠지만, 예의를 지켜야 하는 이유는 가르쳐 줄 수 없다. 외적 보상이 다른 사람을 향한 진심 어린 배려와 존중의 마음을 가르쳐 줄 거라고 기대할 수는 없다는 말이다.

외적 보상은 아이가 하기 싫어하는 일, 좋아하지 않는 일을 시킬 때 탁월한 효과를 발휘한다. 그러나 아이가 그 일을 좋아한다면, 그 일을 해야 하는 의미에 대해 충분히 인지하고 있다면 굳이 보상이 없어도 스스로 한다. 엄마와 깊은 유대를 형성하고 있는 아이는 엄마의 말에 귀를 기울이고 엄마를 배려한다. 보상 때문이 아니라 엄마를 향한 사랑과 존경 때문이다. 친밀한 사람을 향한 사랑과 배려가 바로 내적 보상이다.

아이에게 필요한 진정한 보상

나의 아버지는 지금도 종종 고교 시절 역사 교사의 이야기를 하곤 한다. 고대사를 너무 재미있게 들려주어 평소 공부에 관심이 없던 학생들마저 수업에 집중하느라 교실 안이 쥐죽은 듯 고요했다는 것이다. 그래서인지 아버지는 오랜 세월이 났지만 여전히 당시에 배운 역사 내용을 아주 자세히 기억하고 있다.

그 역사 시간에는 어떠한 장려책이나 칭찬이 필요 없었다. 아이들의 관심을 끌기 위해 어떤 보상이나 마법도 필요하지 않았다. 오직 매력적인 수업만이 있었을 뿐이다. 이 수업처럼 내적 보상은 자신이 좋아하는 일을 할 때 찾아온다. 그런 일을 할 때 기쁘게 행하며 큰 성과로도 이어질 수 있다. 인간의 두뇌는 자신이 좋아하는 일, 삶에 의미를 가져다주는 일을 하고 싶게 만드는 생화학적 보상 체계를 갖추고 있다. 이는 교육에서도 마찬가지이다. 아이가 공부를 잘하기를 바란다면 처음부터 아이의 개인적인 관심과 열정을 고려하여 접근해야 한다. 그래야 내적 보상을 안겨 줄 수 있다.

오늘날 우리 사회는 열심히 공부하라고 아이들을 설득하는 데 불안할 정도로 집착한다. 굳이 설득이 필요할 만큼 교육은 매력이 없는 걸까? 사실 요즘 교육은 점수와 시험 제도로 인해, 아이들을 서로 경쟁하게 만들고 승자와 패자로 나눠 등지게 한다. 이러한 지나친 외적 보상은 아이들에게 수치심과 모욕감을 준다.

아이들의 고유한 관심사와 학습 방식에 맞춰 교육을 한다면 이와 같은 강압적 방식은 전혀 필요가 없어진다. 공부 자체에 의미를 느끼고 즐거워한다면 아이에게 수치심을 안겨 주거나 유혹을 할 필요가 없는 것이다. 하지만 안타깝게도 오늘날 이루어지고 있는 교육 행태는 아이들에게 학습에 대한 즐거움을 안겨 줄 내적 보상이 부족하다.

아이들은 엄마의 일상에 참여해 엄마를 돕는 것을 무척 좋아한다. 내적 보상의 원리를 바탕으로, 아이가 좋아할 만한 일을 하게 해 자발성과 기쁨을 이끌어 낼 수 있다. 예를 들면 아이를 데리고 마트에 가서 장을 볼 때 엄마는 "이거 사달라", "저거 사달라." 하는 아이를 챙기랴 장을 보랴 정신이 없다. 이때 아이에게 엄마가 찾는 상품을 같이 찾아보자고 게임처럼 제안해 보는 것이다. 또 방 안 가득 널려 있는 장난감을 누가 더 빨리 치우는지 겨루거나 즐겁게 노래를 부르면서 양치질을 하는 것이다. 그렇게 일상이 내적 보상을 안겨 주는 놀이로 바뀔 수 있다.

때로 아이들은 자발적으로 서로 음식을 나누어 먹고 상처 입은 친구를 달래 준다. 왜 아이들은 어떠한 보상도 없는 일에 자발적으로 친절을 베풀고 나서는 걸까?

사람 간의 교감처럼 아이에게 크고 충만한 보상은 없다. 반면 물질적인 보상과 조건적인 칭찬은 사랑의 퇴색된 형태에 불과하다. 마치 인간관계의 불량 식품이랄까. 별표나 상을 모을 수는 있지만, 훗날 삶을 돌이켜 보았을 때 얼굴에 미소를 짓게 하는 보상은 아니다.

가장 강하고 지속적인 내적 보상은 서로 진정으로 교감할 때 얻을 수 있다. 엄마와 아이가 서로 세심하게 귀를 기울이고 솔직해질 때 말이다. 아이가 엄마의 말을 존중하기를 바란다면, 엄마가 먼저 아이의 감정에 귀를 기울이고 마음의 문을 열어 유대감을 키워야 한다. 그러면 체벌, 칭찬 등의 방법을 사용하지 않고도 아이를 긍정적으로 이끌어 줄 수 있다.

| 더 알아보는 과학육아 |
거울신경세포를 작동시켜라

아이들이 과연 내적 보상만으로 사랑스럽고 점잖게 행동할 수 있을까? 물론이다. 서로 존중하며, 자신의 말을 들어주고 신경 써준다고 느낀다면 분명히 가능하다. 신경심리학자들은 우리 두뇌에서 감정 이입을 통해 다른 사람의 감정을 이해할 수 있게 해주는 거울신경세포를 발견했다. 사랑하는 사람을 기분 좋게 해줄 때 우리는 곧바로 기분이 좋아지는데 이는 우리의 거울신경세포가 상대방의 기쁨에 맞춰 작동하기 때문이다.

그렇다고 해서 칭찬과 보상을 당장 중단하라는 말이 아니다. 아이들에게 어떠한 칭찬이나 보상도 필요하지 않다는 의미도 아니다. 아이들에게는 칭찬과 보상이 필요하고 또 그런 일을 했을 때 마땅히 받을 자격도 있다.

그러나 칭찬과 보상은 서로 간의 교감이 바탕이 될 때 진정한 효과가 있다. 단순히 아이를 훈육하기 위한 수단으로써 접근해서는 안 된다는 뜻이다. 즉 아이의 감정에 귀를 기울이고 부모 역시 감정적으로 진정성을 보여야 한다.

chapter 6
아이와 소통하는 엄마의 대화법

엄마들은 아이가 도통 자신의 말을 들으려 하지 않는다며
하소연하곤 한다.
그런데 엄마들은 과연 아이의 말에 귀를 기울여 주고 있을까?
아이에게 적절하게 말을 건네고 있을까?

왜 아이들은
부모의 말을 듣지 않을까?

　소중한 내 아이, 어떻게 키우고 싶은가? 아마도 대부분의 부모가 이렇게 자라기를 바랄 것이다. 사랑하고 사랑받을 줄 알며, 존중하고 존중받으며 다른 사람들과 잘 어울리기를, 그리고 뚜렷한 목표를 가지고 이를 추구하며 살아갈 수 있는 힘을 가진 심신이 건강한 아이로 자라기를 말이다.

　이런 아이로 자라는 힘은 부모와 아이가 쌓아 온 관계의 질에서 모두 나온다. 그 관계의 질은 어떻게 소통해 왔는가에 따라 결정된다. 평소 긴밀히 소통해 왔을수록 아이와 친밀하고 애정 어린 관계를 맺을 수 있다. 즉 어떻게 대화를 나누고 생각과 감정을 공유하고, 얼마나 서로의 말에 귀를 기울이느냐가 부모 자식 관계의 질을 결정한다.

　이렇게 말을 하면 "아이가 제 말을 도통 들으려고 하지 않아요." 하고 하소연하는 부모가 많다. 그때마다 나는 이렇게 되묻곤 한다.

"왜 아이가 당신의 말을 잘 듣지 않는 걸까요?"

물론 다른 사람이 이야기를 할 때 상대와 눈을 마주치며 이야기를 경청하고 상대방의 감정을 이해하는 것이 어려운 신경학적·심리학적 조건을 가진 아이도 있다. 아스퍼거 증후군이나 주의력결핍 과잉행동장애 등이 그렇다. 이런 경우는 아주 특수한 경우로 전문적인 도움이 필요하지만, 그렇지 않은 아이라면, 가장 먼저 생각해 봐야 할 것이 있다. 바로 부모의 '듣기' 태도이다.

아이가 말을 잘 듣지 않는 이유는 부모의 말하기 방식에서도 찾을 수 있지만, 대부분 잘못된 듣기 방식에 그 원인이 있곤 한다. 아이가 말을 잘 들어주기를 바란다면 부모가 먼저 아이의 말을 경청해야 한다. 특히 아이의 감정에 귀를 기울여 줘야 한다. 자신의 이야기에, 자신의 감정에 집중해 준다고 느낄 때 아이 역시 상대방의 말에 집중한다. 자신의 심정을 잘 들어주고 보살펴 준다는 느낌을 받지 못한 아이는 부모로부터 감정적으로 멀어지기 시작한다. 도움이 필요한 순간에도 손을 내밀지 않고 어른의 말을 흘러듣게 된다. 그러므로 아이가 부모의 말을 귀담아듣지 않는 것 같다면 가장 먼저 다음과 같은 질문을 던져 봐야 한다.

"나는 아이의 감정을 얼마나 잘 들어주고 있는가?"

이 질문에 당당하게 대답할 자신이 없는가? 만약 지금까지 그렇지 못했다 할지라도, 이제부터 노력한다면 멀어진 아이와의 관계를 개선할 수 있다. 부모가 먼저 관심을 보여 줘야 아이도 진심으로 자신을 내보인다는 사실을 꼭 기억하자.

아이가 말을 잘 듣지 않는 이유는
부모의 말하기 방식에서도 찾을 수 있지만,
대부분 잘못된 듣기 방식에 그 원인이 있곤 한다.
아이가 말을 잘 들어주기를 바란다면
부모가 먼저 아이의 말을 경청해야 한다.

당신은
듣고 있지 않다

 이야기를 잘하는 사람은 잘 듣는 사람이라는 말이 있다. 그만큼 듣기는 모든 소통의 기본이다. 특히 우리가 "듣는다."라고 말할 때는 상대가 전하는 정보를 받아들이거나 기억한다는 뜻만이 아니라 가슴으로 듣는다는 의미가 포함되어 있다. 진짜 듣기란 이야기에 담겨 있는 감정을 들어주는 것이다.

 아이의 이야기에 귀를 기울이기 위해서는 아이의 감정 세계에 관심을 쏟아야 한다. 마음으로 아이의 감정을 받아들이는 것, 즉 감동받는 것을 의미한다. 아이는 부모의 말투와 몸짓, 눈빛을 통해 이를 느낄 수 있다. 자신의 이야기를 경청해 주고 있다는 느낌은 아이의 마음을 움직인다.

이런 것은 듣기가 아니다

아이들은 운다고 혹은 화를 낸다고 혼이 나곤 한다. 감정을 표현하는 것은 나쁜 행동이 아니다. 감정은 누구도 다치게 하지 않는다. 그렇지만 그 감정을 억누를 경우에는 해롭다. 두뇌 화학 구조의 균형을 깨뜨리고 면역 체계와 소화계에 스트레스를 주며 다른 사람과 관계를 맺는 능력을 훼손한다.

감정의 검열은 꽤 일찍부터 시작된다. 엄마는 우는 아이를 달래며 흔히 "쉿~!"이라고 말한다. 달래려고 하는 말이지만 이 "쉿!"은 엄마가 아이에게 원하는 건 감정을 나누는 것이 아니라 울음을 그치게 하는 것이라는 사실을 아이에게 전달한다.

아이가 울거나 소리를 지르며 화를 내면 누구나 짜증스럽고 부담을 느낀다. 그렇다고 아이를 비난해서는 안 된다. 아이의 감정을 막거나 차단하려고 하기보다 감정을 충분히 느낄 수 있도록 해주고, 지지해 줘야 한다. 만일 아이의 감정이 부모의 감정을 지나치게 자극한다면, 아이를 탓하기보다 먼저 휴식과 지원을 요청해야 한다.

때때로 아이들은 부모의 관심을 끌기 위해 다른 아이를 괴롭히거나 소동을 피우고 애교를 부리기도 한다. 아이는 어디서 이런 우회적인 방법을 배웠을까? 언제부터 대놓고 안아 달라, 질문에 대답해 달라, 놀아 달라 말하면 안 된다고 생각하게 되었을까?

모든 아이는 태어났을 때부터 자신의 요구를 솔직하게 드러낸다. 아이의 요구는 보이는 대로 이해하면 된다. 이때마다 부모가 신속하고 적절하게 응해 준 아이는 자신의 의사를 전달하는 능력이 계발된다. 반면에 그렇지 못한 경우 아이는 필요한 관심을 얻기 위해 우회적인 방법을 선택하게 된다.

잘 들어준다는 것은 아이의 감정을 있는 그대로 받아들이는 것을 의미한다. 이는 생각처럼 쉽지 않다. 때때로 듣는 것이 아주 어려울 때가 있다. 아이의 감정이 자신의 감정을 건드려 불편할 때면 부모는 고개를 돌려 외면하거나 아이에게 그 감정에서 벗어나라고 강요하기도 한다. 아이의 고통을 지켜보는 게 힘들어서일 수도 있고 아이의 감정 표현이 불편해서일 수도 있다.

때로는 아이의 말을 듣고 있으면서 마음은 다른 곳을 헤맬 때가 있다. 풀리지 않는 회사일이 머릿속을 맴돌거나 늦게 오는 배우자 때문에 신경이 곤두서기도 한다. 듣기는 듣는 사람의 기분에 따라 좌지우지되는 능력이다. 듣는 일을 전문적으로 하는 상담사와 심리학자, 전문가들 역시 완벽하지 않다. 따라서 누구나 평생 듣기 능력을 갈고 닦아야 한다. 그러나 누구나 교육을 받지 않아도 잘 듣는 사람이 될 수 있다. 상대방에 대한 열린 마음과 관심만 있다면 말이다.

잘 들어준다는 것은
아이의 감정을 있는 그대로 받아들이는 것을 의미한다.
이는 생각처럼 쉽지 않다.
때때로 듣는 것이 아주 어려울 때가 있다.
아이의 감정이 자신의 감정을 건드려 불편할 때면
부모는 고개를 돌려 외면하거나
아이에게 그 감정에서 벗어나라고 강요하기도 한다.

감정 이입 차단

　듣기 능력은 겉으로 뚜렷하게 드러나지 않는다. 때에 따라선 능력을 잃기도 하고, 잃었다 다시 회복하기도 한다. 스스로 아이의 말을 잘 들어 주고 있는 건지 파악하기 어려울 때도 있으며, 잘 듣고 있다고 자신을 속일 때도 있다. 특히 부모 자신이 아이의 일에 동요하고 있거나 그로 인해 두려움과 수치심, 질투심 혹은 감정적 피르 등을 느끼고 있을 경우 부모는 아이의 감정이 자신의 마음을 건드릴 수 없도록 교묘하게 의사소통을 회피한다. 이럴 때 부모가 듣기를 피하는 가장 큰 이유 중 하나는 자신이 느끼는 감정적 동요가 아이에게 전해져 불안해하거나 실망하는 모습을 보고 싶지 않기 때문이다. 이는 부모에게도 죄책감을 안겨 준다. 나는 이 교묘한 전술을 '감정 이입 차단'이라고 부른다. 감정 이입 차단은 고통을 줄여 주지만, 아이와의 관계를 훼손한다.

　또한 반대로 아이의 감정적인 고통을 덜어 주려는 마음에 무심코 감정 이입을 차단하기도 한다. 그러나 아이에게 가장 큰 위안은 아이의 감정을 바꾸려는 노력이 아니라 아이의 감정을 있는 그대로 들어주는 것이다. 부모가 흔히 감정 이입을 차단하는 모습들은 다음과 같다.

감정 이입 차단의 방법	예시
경시	울지 마. 울 정도의 일은 아니야.
부인	별일 아니야. 그렇게 야단을 피울 일이 아니라고. 아무 문제 없어.
합리화	울지 마. 저 애가 일부러 널 민 건 아니잖아.
긍정 유도	좋게 생각하자. 다음에는 좋은 결과가 있을 거야.
기분 전환	걱정하지 마. 재미있는 이야기 해줄까? 아이스크림 먹을래?
충고/선택안	이렇게 해볼래? 아니면 저렇게 해볼래? 그 정도는 그냥 무시해 버리렴
기대	왜 그랬어. 그보다는 잘할 수 있었잖아.
무시	바보같이 굴지 마. 어리석게 굴지 말란 말이야.
진단/낙인	네가 너무 예민하게 구는 거야.
주의 전환	어머, 저기 예쁜 인형 좀 봐.
가로채기	그러니까 너도 지난번에 엄마 마음이 어땠는지 알겠지?

감정 이입을 차단하는 예시

　감정 이입을 차단하는 말들은 대부분 겉으로 보면 악의적이지 않다. 아이에게 수치심을 안겨 주려는 의도도 보이지 않고 때로는 선의에 의한 행동으로 보이기도 한다. 하지만 자신의 감정을 들어주고 공감해 주고 있다고 느끼게 하지는 않는다. 감정 이입을 차단함으로써 아이의 기분을 전환하려는 노력은 역효과를 낳을 수 있다. 더 큰 슬픔과 분노에 빠지게 하는 것이다. 아이 입장에서는 충분히 공감받고 있지 못하다고 느끼기 때문이다. 아이가 원하는 것은 자신이 현재 느끼는 감정을 있는 그대로 이해받는 것이다.

그렇다고 해서 위의 예시들이 언제나 부적절한 표현인 것만은 아니다. 때때로 조언이나 도움이 될 수도 있다. 그러나 그때에도 우선 아이의 감정부터 들어줘야 조언도 효과를 발휘할 수 있다. 아무리 유익한 방법이라도 조언하기 이전에 아이의 감정을 충분히 들어주고 공감해 주는 것이 먼저이다.

감정 이입 차단은 엄마와 아이의 관계에 혼란을 가져온다. 엄마와 아이 사이에 거리감을 만들고, 이것이 반복될 경우 아이는 자신의 감정을 털어놓지 않게 되고, 엄마의 말을 존중하지 않게 된다.

잘 듣기 위해서는
먼저 아이를 믿어야 한다

    잘 듣기 위해서는 복잡한 기술도 특별한 재능도 필요 없다. 듣기는 행동하는 게 아니라 허락하고 느끼는 것이다. 아이의 이야기를 중간에 끊지 않고 들어주고, 감정을 표현하게 하라. 부모의 반응은 잠시 미뤄라. 아이의 감정을 해석하거나 아이의 기분을 전환하여 문제를 해결해 주고 싶은 유혹을 이겨 내라. 그냥 아이가 자신의 감정을 모두 쏟아 낼 수 있도록 묵묵히 들어줘라.

    아이가 충분히 이야기를 했다고 생각이 되면, 들은 내용을 간단히 요약해 자신이 정확히 들은 게 맞는지 확인하자. 이는 아이에게 자신의 이야기에 집중하고 있다는 느낌을 선사한다. 그런 후 부모가 어떻게 해주기를 바라는지, 어떻게 해주는 게 가장 좋은지 물어보라. 토닥이고 안아주면 될까? 문제를 해결해 주면 될까? 혹시 아이가 너무 어려서 대답을 못한다면, 부모가 해줄 수 있는 도움을 열거해 주는 것도 괜찮다.

아이가 부모에게 자신의 감정을 모두 털어놓을 수 있다고 믿게 되었을 때 비로소 부모는 아이의 의지처가 될 수 있다. 그리고 이러한 경험들이 쌓여 나중에 아이 스스로 자신의 감정을 보살필 수 있는 힘을 길러 준다.

충동을 이겨 낼 때 잘 들어줄 수 있다

아이의 말과 감정을 잘 들어주기 위해서는 충동을 잘 이겨 내야 한다. 부모는 조금이라도 빨리 아이의 문제를 해결해 주고 싶어한다. 당연히 아이의 기분 역시 빨리 진정시키고 싶다. 아이를 위한 행동이지만, 종종 이 과정에서 아이가 자신의 감정에 대해 수치심과 좌절감을 느끼게 한다. 부모가 보기에는 대수롭지 않은 일이지만, 아이에게는 매우 중요하고 심각한 일일 수 있다. 이유 없는 감정은 없으며, 대수롭지 않은 이유 역시 없다. 한없이 슬플 때 주변 친구가 웃긴 이야기를 한다면, 어떤 기분이 들겠는가? 아이 역시 마찬가지이다. 아이가 느끼는 감정을 온전히 인정해 줄 때 그 감정들은 해소되거나 변하기 시작한다. 반대로 고통스러운 감정을 없애거나 억지로 바꾸려고 하면 감정의 골만 더 깊어지고 이후 더 큰 고통으로 표출될 수 있다.

아이들은 자신의 두려움, 고통, 상처, 분노, 기쁨, 즐거움을 들어주기를 바란다. 또 사랑, 미움, 희망, 환상을 알아주기를 바란다. 자신의 성장 과정 속에서 발견한 승리, 실패, 발명, 혼란스러움을 들어주기를 바란다. 어느 날은 부모에게 느낀 실망감을 토로하고 싶을 때도 있다. 물론 듣기 편할 수는 없다. 하지만 절대로 섣불리 개입해서는 안 된다. 아이에게 자유롭게 표현할 수 있는 권리를 주고, 아이의 감정을 존중하는 모습을 보여 준다면, 부모와 아이 사이에 생긴 어떤 틈도 치유할 수 있다. 아이들은 이해받는다고 느낄 때 깊은 사랑을 느끼는 법이다. 불편한 진실까지 포함해 서로 소통하게 되는 순간 부모와 아이의 사랑이 견고해진다.

듣기를 가로막는 내면의 장벽

아이의 감정을 있는 그대로 받아들이고 인정해 주기란 말처럼 쉽지 않다. 부모에 따라 그 원인은 저마다 다르다. 수많은 이유들이 감정 이입을 방해하는데, 다음은 부모들과 이와 관련해 상담한 내용들이다.

부모 아이가 너무 오래 동요할까 걱정돼요. 아이의 기분을 바꿔 주지 않으면 계속 부정적인 감정에 머물러 있을 것 같아 불안해요.

나 아이를 믿으세요. 아이와 교감하다 보면 아이는 감정을 극복하고 회복력을 다지게 될 거예요.

부모 고통스러운 감정을 극복하는 방법을 가르쳐 주지 않으면 앞으도도 회복틱을 기르지 못하고 슬픔이나 걱정을 느낄 때마다 무기력해지지 않을까요?

나 아이에게 진정한 관심을 두고 어떠한 기대나 욕심 없이 아이의 말을 들어줄 때 회복력을 키워 줄 수 있어요. 기분을 전환해야 한다는 압박은 아이에게 감정이 잘못되었다는 메시지를 줄 수 있고 스스로 무익한 존재라는 느낌을 안겨 주기도 해요. 아이의 말을 집중해서 들어주다 보면 아이 스스로 자신의 감정을 돌보게 돼요. 자기 위안을 통해 역경을 자연스럽게 이겨 내는 사람은 보통 어린 시절 부모님에게 위안을 잘 받은 사람들이에요.

부모 아이의 감정이 어린 시절의 고통스러웠던 기억을 불러일으켜요. 내가 느꼈던 감정을 아이 역시 느끼고 있다는 사실을 견딜 수가 없어요. 마치 어린 시절의 고통이 재생되는 것만 같아요.

나 부모가 먼저 치유가 필요한 상황이군요. 배우자나 믿을 수 있는 친구 혹은 상담사와 어린 시절 고통스러웠던 감정에 대해 이야기를 나눠 보세요. 스스로 감정적 상처를 위로할 수 있어야 아이의 상처도 여유롭게 받아들일 수 있어요. 아이에게 물을 주려면 부모가 먼저 물이 가득 차 있어야 해요.

부모 슬퍼하는 아이에게 어떻게 해줘야 할지 모르겠어요. 이럴 때마다 무력감을 느껴요.

| 나 | 그냥 들어주고 안아 주는 것만으로 큰 위안이 돼요. 최악의 상황에서도 혼자가 아니며 누군가 자신을 사랑하고 걱정해 주고 있다는 느낌을 줄 수 있어요. 그러면 아이는 해결할 수 없을 것만 같았던 삶의 문제들에 대응할 힘이 생겨요.

| 부모 | 아이와 사이가 좋지 않아요. 저에 대해서 불만을 이야기하는데, 아이에게 인정받지 못한다는 슬픔과 죄책감이 아이와의 관계를 방해해요.

| 나 | 세상에서 가장 좋은 부모도 때로는 아이의 기대를 저버리고 실망시키는 법이에요. 아이가 부모에게 털어놓는 불만을 진지하게 받아들여 줄 때 서로 간의 신뢰가 더욱 깊어질 거예요. '아이가 어떻게 나에게 이런 말을 할 수 있지?' 하고 화내기보다 아이의 불만을 수렴하면 아이에게 존경심을 얻을 수 있을 거예요. 그러기 위해서는 부모 스스로 자기 위안을 할 수 있어야 하지요.

강연이나 상담을 통해 많은 부모를 만나 오며 느끼는 점은 대부분 아이의 부정적인 감정들을 대단히 어려워하고 두려워한다는 사실이다. 그래서 이런 감정들과 마주하게 될 경우, 무시하거나 중단시키거나 쫓아내기 위해 애를 쓴다. 그러나 그런 감정들은 인정하기 시작할 때 비로소 해소할 수 있다. 일부러 감정들을 바꾸려고 애쓰는 순간 더는 그 감정에 귀를 기울일 수 없게 되고 치유의 기회를 잃게 된다.

상처가 모두 해로운 것은 아니다

성장하는 아이에게 상처는 자연스러운 일이다. 엄마조차도 의도치 않게 아이에게 상처를 주곤 한다. 그 상처들이 모두 아이에게 돌이킬 수 없는 해를 입힐 거라고 걱정할 필요는 없다. 아이들은 이 상처들을 이겨 낼 치유 장치를 지니고 있다. 사실 감정은 이 치유 장치의 주된 원동력이다. 아이들은 상처를 입거나 놀랐거나 충격을 받거나 실망하면 울고 소리를 지르며 감정을 과장하여 전달한다. 고통에 저항하며 자기 말을 들어주고 위로해 달라고 손을 내민다. 이때 엄마가 곁에서 그 감정을 인정해 주면 아이는 깊은 안정감을 느끼고 계속 앞으로 나아갈 힘을 얻는다.

그러나 엄마가 아이의 감정을 부인하면, 아이가 느끼는 고통은 마음속에 똬리를 틀고 앉아 치명적인 손상으로 변질될 수 있다. 자신이 느끼고 있는 감정을 여러 번 부정당한 아이는 고통을 내재화하게 되고, 자신의 감정을 부끄럽게 여기고 자신을 의심하고 비난하게 될 수도 있다.

엄마는 아이를 걱정한 탓에, 아이의 감정에 지나치게 과장하여 반응하거나 지나치게 축소해서 받아들인다. "뭘 이런 일로 울고 그래." 이런 식의 말은 아이에게 고통을 안겨 준 사건보다 더 큰 상처를 줄 수 있다. 그래서 감정 이입을 통한 듣기가 매우 중요한 것이다. 듣기는 감정적인 상처를 예방해 주고, 이미 가해진 상처를 치유해 주며, 사랑의 관계를 회복해 준다.

"하지만 아이가 징징거리기 시작하면 정말 미칠 것 같아요."

누구나 그렇듯이 인내심과 참을성에는 한계가 있다. 아이가 질릴 정도로 계속 징징거리면 짜증이 안 날 사람은 없다. 그러나 아이를 비판하거나 그만 징징거리라고 혼내는 행동은 전혀 도움이 되지 않는다는 것을 반드시 기억해야 한다. 반대로 아이가 원하는 것이 무엇인지, 어떤 감정을 느끼고 있는지 정확하고 강력하게 표현할 수 있도록 해야 한다. 숨겨진 인내심까지 동원하여 아이에게 귀를 기울여 주자.

이유를 몰라도
힘이 되어줄 수 있다

때로는 아이의 감정을 헤아리고 고통의 원인을 이해할 수 없을 때가 있다. 다음 사례를 보면 무슨 말인지 알 수 있을 것이다.

일곱 살 로저는 어느 날 좋아하는 장난감 기차가 작동을 멈추자 히스테리를 부리기 시작했다. 엄마가 아무리 달래도 진정이 되질 않았다. 엄마가 얼른 장난감 기차를 고쳐 다시 작동이 되었지만, 그래도 로저는 울음을 그치지 않았다. 어떻게 해도 로저를 달랠 수가 없었다. 피곤하고 짜증이 난 엄마가 그냥 방 밖으로 나가려고 했지만, 순간 고장 난 기차 말고 다른 게 로저의 마음을 건드렸을지도 모른다는 생각이 들었다. 이때 엄마가 로저에게 울 일이 아니니 그만하라고 했다면 상황은 더 악화되었을 것이다.

엄마는 울음을 중단시키려는 노력을 그만두기로 했다. 대신 아들을 안고 말했다. "네가 왜 이렇게 속상해하는지 엄마는 잘 모르겠지만 네가 원한다면 그냥 이렇게 널 안고 가만히 있을게. 그래도 되지?"

처음에는 로저의 울음이 더 심해졌지만, 엄마의 품에서 점점 안정을 찾아갔다. 마침내 누군가 로저의 감정 세계에 들어온 것이다. 로저는 왜 우는지 이해받지는 못했지만, 자신의 감정을 인정받았다. 감정적인 지지를 느끼기 시작하면서 로저는 점점 울음을 그쳤다.

얼마 지나지 않아 로저는 아무 일도 없었던 듯 다시 놀기 시작했다.

로저는 왜 그렇게 울었을까? 피곤해서일 수도 있고, 혼자서 기차를 고치지 못한다는 사실이 절망스러워서일 수도 있으며, 기차가 멈춘 순간 자동차에 치여 죽은 강아지가 떠올랐을 수도 있다. 이해를 하면 큰 변화를 이룰 수 있지만 언제나 반드시 이해가 필요한 것은 아니다. 또 언제나 이해가 가능한 것도 아니다. 그냥 아이의 감정을 인정해 주고 옆을 지키며 편안하게 달래 주기만 해도 많은 것을 줄 수 있다. 중요한 것은 교감이다.

로저의 경우처럼, 감정을 이입하여 아이의 말을 들어주기만 해도 감정적 상처와 트라우마를 상당히 치유할 수 있다. 아이에게 상처를 안겨 주는 환경이 무엇이든, 치유는 가능하다. 그리고 치유의 핵심 비결은 아이의 감정을 들어주는 것이다.

심각한 트라우마를 가진 아이들조차 끊임없이 감정을 들어주고 인정해 주다 보면 치유되어 가는 모습을 보인다. 사랑을 바탕으로 한 감정 이입은 손상된 두뇌의 감정중추를 재건하는 힘을 가졌다. 감정 이입을 통한 교감은 보다 건강한 새 신경 통로를 발달시키고 두뇌 화학 구조에 건강한 균형을 회복시킨다. 그러나 아이의 두뇌는 자랄수록 변화에 둔감해지므로, 아이가 클수록 감정 치유에 더 많은 관심을 쏟아야 한다.

심리적 치유가 어디까지 가능한지는 아무도 모른다. 감정적 트라우마를 완벽하게 치유할 수 있는지도 알 수 없다. 그러나 확실한 것은 감정적으로 상처받은 아이들을 가만히 놔두면 절대 저절로 좋아지지는 않는다는 사실이다. 참을성 있게 아이의 감정을 들어주고, 있는 그대로의 감정을 인정해 주며, 섣불리 다그치며 압력을 넣지 않는 사람과 함께 있을 때 아이는 치유될 수 있다. 치유에는 아이와의 감정적 결합이 핵심이며 듣기가 그 방법이다.

어린 시절의 감정적 상처는 나이를 먹어도 없어지지 않고 남아 신경 통로의 방향을 재배치하고 두뇌 화학 구조를 변화시켜 성격으로 자리 잡는다. 치유는 그 과정을 거꾸로 만들어 가는 것이다. 그래서 치유에는 시간이 걸린다. 치유는 한 가지 경험에 의해 일어나지 않는다. 새로운 신경 통로를 개발하려면 아이가 자신과 남을 다르게 바라보고 새로운 방법으로 관계를 맺기 시작해야 한다. 이때까지 시간이 걸린다. 아이가 클수록 치유 과정도 길어진다. 초기 아동기가 지나면 두뇌가 변화에 덜 민감해지기 때문이다.

감정 이입은 고통스러운 감정만 들어주는 게 아니라 기쁨도 함께하는 것이다. 엄마가 자신의 이야기에 귀를 기울여 준다고 느끼는 아이는 감정적 만족감이 커져 그만큼 자존감도 높아진다. 아이와 엄마의 교감은 더욱 긴밀해지고 풍요로워지며, 그만큼 도움과 지지가 필요할 때 엄마를 더욱 신뢰하게 될 것이다. 또한 엄마의 말을 더 잘 듣게 되고, 배려하고 협동하는 모습을 보인다.

부모의 말에 힘이 실리다

"싫어!" "안 해."를 달고 사는 청개구리 같은 아이와 대화를 하다 보면, 자신도 모르게 언성이 높아지고 윽박지르게 된다. 강연회에서 만난 엄마들은 "좋은 말로 하던 애가 말을 듣지를 않아요."라고 하소연한다. 나는 그런 말을 들을 때마다 엄마의 말에 힘을 싣기 위해서는 먼저 잘 들어 줘야 하며, "식사 시간에는 먹는 데에만 집중해야지." "갖고 논 장난감은 엄마가 치우라고 했지?"처럼 아이의 행동에 대해 말하는 방식부터 바꿔야 한다고 조언하곤 한다. 아이의 행동을 지적하기보다는 엄마가 어떻게 느끼고 있는지 전해 줘야 한다. 엄마가 솔직하게 감정을 드러내고, 말과 감정이 일치할 때 아이의 신뢰를 얻을 수 있다. 그러기 위해서는 '어떻게 아이의 행동을 바꿀 것인가'에서 '어떻게 아이에게 따르고 배우고 싶은 어른의 모습을 보일 것인가'로 초점을 바꿔야 한다.

그렇다고 해서 엄마가 감정을 아무 때나 쏟아내고 과장해야 한다는 말은 아니다. 강하고 과장되게 표출해야지만 감정이 잘 전달되는 것은 아니다. 감정은 있는 그대로 담담하게 표현해야 한다. 화가 나면 얼굴을 찡그리고, 슬프면 슬픈 눈빛을 보내는 것이다. 이렇게 말하면 당연한 소리를 한다고 생각할지 모르겠다. 하지만 의외로 어른들은 자신의 감정 표현에 대단히 서툴다. 특히 아이를 키우며, 항상 자신의 감정을 억누르는 데 익숙해진 엄마들은 더욱 그러하다.

- 실제로는 화가 났으면서 다정하고 부드러운 말투로 말하려고 애쓴다.
- 아이의 말대꾸에 짜증이 솟구치지만, 이성적으로 말하고자 노력한다.
- 무심코 던진 아이의 말에 상처를 입었지만, 티를 내지 않기 위해 더 단호하게 행동한다.
- 슬프고 우울해도 아이 앞에서 항상 웃으려고 노력한다.
- 아이가 자랑스럽지만 혹시라도 자만할까 두려워 마음속 흥분을 드러내지 않는다.

이렇듯 엄마는 자신의 감정을 숨긴다. 특히 아이가 자랄수록 더욱 그런 경향이 강해진다. 이러한 엄마의 자세가 아이와의 대화를 어렵게 만든다. 아이 앞에서는 감정을 무장 해제시켜야 한다. 아이들은 엄마가 표현하지 않아도, 엄마의 감정을 희미하게 감지할 수 있다. 그래서 엄마가 감정을 자꾸 속이고 숨기면 혼란을 느끼고 심지어 의심하기도 한다. 아이가 평소 잘 가던 어린이집도 거부하고 엄마에게 껌딱지처럼 붙어 떨어지려 하지 않는다면, 엄마의 가슴속에 굳어 둔 슬픔을 감지하고 불안해진 것일 수도 있다.

감정은 때로 불편하고 거북하게 느껴지지만, 인간은 누구나 상대와 진솔한 감정을 바탕으로 관계를 맺기를 바란다. 사람들은 자신의 감정을 잘 표현하지 않고 매사에 냉담하거나 무심한 사람을 향해 "저 사람은 도통 무슨 생각을 하고 있는지 모르겠어."라고 말하며 방어적으로 대하게 된다.

아이와의 대화에서 중요한 것은 엄마의 진솔한 감정 표현이다. 이것이 관계의 본질이다. 감정적으로 솔직해야 한다고 말하면, 아이가 몰라도 되는 부분까지 이야기를 털어놓고 아이에게 감정적인 지지를 구해야 한다고 오해하는 경우가 있다.

마르코는 일곱 살 때 교통사고로 아버지를 잃었다. 장례식이 끝난 후 삼촌이 그에게 말했다. "이제 너는 집안의 가장이다. 네가 어머니를 보살펴야 한다." 그 후 마르코의 어머니는 자신이 얼마나 힘들고 외로운지 토로하며 그를 구속하려 들었다. 그는 극심한 부담과 고통을 느꼈지만, 어머니의 심기를 불편하게 할 일은 하지 않겠다고 결심했다. 다른 아이들과 함께 뛰어놀기보다 집안일을 거들었고 매사에 진지하게 행동했다.

마르코는 어른이 되어서까지도 이런 자세를 유지했다. 마르코는 늘 이타적으로 살려고 애썼지만 내면은 화가 들끓었다. 가끔 화가 부글부글 끓어오르기도 했지만, 죄책감이 괴로워 다시 화를 억누르곤 했다.

chapter 6 | 아이와 소통하는 엄마의 대화법

어머니의 착한 아들이자 보호자로 살았던 마르코는 자신의 요구를 소리 내어 말할 능력을 잃어버리고 말았다.

위의 사례는 부모의 과도한 감정적 의지가 아이에게 어떤 영향을 미치는지를 여실히 보여 준다.

아이와의 대화에서
중요한 것

어른과의 대화가 되었든, 아이와의 대화가 되었든 대화의 기본은 진정성이다. 나 자신에 대해, 내가 어떻게 느끼는가에 대해 상대방을 비난하거나 수치심을 안겨 주지 않으면서 솔직하게 말하는 것이다. 그렇지 않으면 상대는 방어적인 자세를 취하게 되고 결국 나의 감정과 요구마저 거부당하는 결과를 낳는다. 진정한 소통을 위해서는 노력과 연습이 필요하다.

그렇다면 아이와의 대화, 어떻게 해야 하는 걸까?

나-전달법

"빨리 빨리 좀 준비할 수는 없니? 이러다 또 어린이집 버스 놓치겠다."

"좀 얌전히 먹을 수는 없니? 왜 이렇게 산만하니."

좀 부정적인 예시이긴 하지만, 어떤가? 어디서 많이 들어본 말이지 않은가? 보통 엄마들은 아이에게 말을 할 때 이렇게 아이를 주체로 하는 화법을 사용한다. 이는 아이와의 대화에만 국한되지 않는다.

이러한 대화를 '너-전달법'이라고 하는데, 이 화법은 아이에게 수치심과 적대감을 안겨 주기 때문에 오히려 전달력이 떨어진다. 아이가 아닌 내가 주체가 되어 무엇을 느끼고 바라는지를 말해야 한다. 즉 '나-전달법'으로 말해야 한다. 그러면 아이에게 죄책감이나 수치심을 주지 않고 아이의 행동을 긍정적으로 이끌 수 있다.

예를 들어 전화 통화를 하고 있는데 아이가 너무 떠들었다고 하자. 이때 "얘야. 조금만 조용히 해주겠니? 통화를 할 수가 없구나."라고 말하는 것은 아이의 행동에 대한 사실을 알려 주는 것이다. 하지만 이 말 뒤에 "너 때문에 통화를 망쳐 버렸잖니."와 같은 말을 덧붙인다면 아이의 행동에 대한 비난과 원망을 전하게 된다. 이는 아이에게 죄책감을 불러일으킨다.

앞서 아이가 책임 있고 안전하게 화를 표현하기 위해서는 화라는 감정을 사랑의 일부분으로 받아들일 수 있게 가르쳐 주어야 한다는 것을 살펴보았다. 이때 자신의 화를 책임 있게 그러나 위협적으로 들리지는 않게 표현하는 핵심 방법이 바로 나-전달법이다. 엄마가 나-전달법으로 화를 표현할 때 아이들은 위협이나 공포를 덜 느낀다. 내가 아닌 아이를 주체로 한 화법은 파괴적이고 관계를 손상한다. 나-전달법의 목적은 아이의 관심을 불러일으키는 것이고, 엄마를 감정과 요구를 지닌 '다른 사람'으로 보게 하는 것이다. 분명한 '자기주장'과 '공격성'은 다르다. 나의 생각과 감정에 대해 이야기할수록 아이는 상처받지 않고 그 생각을 더 잘 받아들이게 된다.

나-전달법의 실례를 살펴보자. 엄마가 통화 중인데 아들이 계속 숟가락으로 테이블을 두드리고 있다. 엄마는 아들에게 "네가 숟가락으로 큰 소리를 내니까 엄마는 짜증이 나는구나. 통화하는데 소리가 안 들려. 또 유리가 깨질까 봐 걱정돼. 이제 그만 두드렸으면 좋겠다."라고 말할 수 있을 것이다.

너무 딱딱하고 부자연스럽게 들리는가? 어느 정도 맞는 말이다. 만약 아이가 어리다면 이보다 단순하게 말해야 한다. 일단 아래 공식을 숙지하는 것부터 시작해 보자.

- 부모가 어떤 기분인지 말해 준다.
- 아이 자체에 대해 논하지 말고 오직 아이의 행동에 대해서만 말한다.
- 부모가 원하는 것을 요구한다.
- 아이를 비난하거나 수치심을 안겨 주거나 위협하지 않는다.

이런 기본 지침을 바탕으로 나-전달법을 구사해 보자. 다음은 아이를 훈육할 때 사용할 수 있는 나-전달법의 예이다. 이를 바탕으로 자신에게 적합한 방식으로 활용할 수 있을 것이다.

훈육이 필요한 순간 아이가 붐비는 쇼핑몰 안에서 엄마 손을 놓고 마구 달려 나간다. 엄마에게서 멀어지지 말라고 여러 차례 말해 봤지만 소용이 없다.

어떻게 말해야 할까 "엄마가 정말 속상해. 엄마가 달려 나가지 말라고 말하면 엄마 말을 들어야지. 그러다 널 잃어버리기라도 할까 봐 엄마는 정말 걱정돼."

훈육이 필요한 순간 아이가 엄마의 컴퓨터를 가지고 장난을 친다.

어떻게 말해야 할까 "이건 엄마 물건이고 엄마에게는 정말로 특별한 거야. 네가 이걸로 장난을 치면 고장이 날까 걱정이 돼. 엄마는 네가 이걸 갖고 놀지 않았으면 좋겠어."

훈육이 필요한 순간 일곱 살 아들이 뒷마당에 앉아 신문을 읽는 엄마에게 물총을 쏘기 시작한다.

어떻게 말해야 할까 "얘야! 난 이 놀이가 재미가 없구나. 그만해라."

훈육이 필요한 순간 옷을 입히려고 할 때마다 자꾸 도망가며 거부한다.

어떻게 말해야 할까 "엄마는 정말로 속상해. 네가 그렇게 뛰어다니면 옷을 입히기가 정말 어려워. 제발 가만히 있어."

훈육이 필요한 순간 아이가 자지 않고 계속 놀아 달라고 떼를 쓴다.

<mark>어떻게 말해야 할까</mark> "더 놀고 싶은 네 마음 엄마도 알아. 하지만 안 돼. 엄마는 지금 너무 피곤해서 쉬고 싶거든."

<mark>훈육이 필요한 순간</mark> 아이가 친구를 무시하는 행동을 한다.
<mark>어떻게 말해야 할까</mark> "네가 친구를 모른 척하는 게 엄마는 마음에 들지 않아. 그 친구를 생각하면 엄마 마음이 아파."

<mark>훈육이 필요한 순간</mark> 아이가 도로를 제대로 살피지 않고 길을 건넌다.
<mark>어떻게 말해야 할까</mark> "아까 네가 길을 건너는 걸 보고 엄마는 정말로 무서웠어. 도로를 제대로 살피지도 않더구나. 정말 위험하단다. 네가 다칠 수도 있거든. 다시는 그러지 않았으면 좋겠어.'

종종 엄마는 아이에게 무언가를 가르치고자 할 때 그 이유에 대해서 알려 주지 않고, 무작정 따르기를 바라곤 한다. 왜 엄마의 말을 따라야 하는지 설명해 주지 않고, 아이의 행동이 다른 사람에게 어떤 영향을 주는지 가르쳐 주지 않는 것이다. 조금만 신경을 쓰지 않아도 권위주의적 태도에 빠지기 쉽다. 예를 들어 아이가 공공장소에서 소리를 지르고 뛰어다녔을 때, 무심코 이렇게 말하게 되는 것이다.

- "쉿! 조용히 좀 해라."
- 입을 가리며 "조용, 조용."

- "엄마가 이런 데서 뛰지 말라고 했지?"

자신의 행동이 다른 사람에게 영향을 미친다는 것을, 상대방을 세심하게 배려한 행동은 좋은 감정을 주고 무시하는 행동은 상처를 남긴다는 것을 아이는 배워야 한다. 그러나 위의 말하기 방식으로는 행동을 개선할 수는 있겠지만 왜 그래야 하는지는 일깨워 주지 못한다. 복종과 배려는 비슷한 행동을 낳는 것처럼 보이지만 전혀 다른 것이다.

이는 엄마의 탓만은 아니다. 어린 시절 이런 말을 들으며 자랐기 때문에 신경을 쓰지 않으면 무심코 나오는 것이다. 이런 말들이 반드시 해를 끼치는 것은 아니다. 그러나 아이가 스스로 남을 배려하며 행동하도록 이끌지는 못 한다.

칭찬에도 적절한 대화법이 있다

앞서 칭찬의 부작용에 대해 살펴보았다. 아마 이런 의문이 들었을 것이다. 아이의 행동을 칭찬하고 인정해 주고 싶을 때는 도대체 어떻게 해야 하는 것일까?

"네가 정말 자랑스럽구나."처럼 아이에게 건네는 기쁨과 감사의 말들은 아이와의 관계를 따뜻하게 비춰 주는 햇살 역할을 한다. 다만 이 말이 자칫 부담과 강요로 전달될 때가 있다. 칭찬을 할 때도 적합한 화법을 사용할 필요가 있다.

아이의 행동 몇 주 동안 열심히 연습하여 아이가 피아노 연주를 완벽하게 해냈다.
나-전달법 칭찬 "정말 잘하는구나. 나도 모르게 흥얼거리게 되더라고. 열심히 연습한 네가 정말 자랑스럽다."
너-전달법 칭찬 "잘했어. 넌 정말 피아노에 재능이 있다니까."

아이의 행동 아이가 달리기 대회에서 일등을 하였다.
나-전달법 칭찬 "네가 달리는 모습을 보니까 엄마 기분이 참 좋았어. 얼마나 신이 났는지 몰라."
너-전달법 칭찬 "잘했어. 넌 정말 달리기를 잘한다니깐."

아이의 행동 아이가 장난감 정리와 거실 정돈을 도왔다.
나-전달법 칭찬 "도와줘서 고마워. 네가 도와줘서 집이 더 깨끗해진 것 같아 엄마가 기분이 참 좋다."
너-전달법 칭찬 "우리 아들 착하네. 이렇게 깔끔한 아이였구나."

나-전달법을 사용하면 엄마의 마음을 훨씬 더 잘 전달할 수 있고, 아이 역시 엄마의 진심을 느낄 수 있다.

착한 일을 하거나 좋은 성과를 낸 아이는 이미 스스로 놀라운 감정을 느끼고 있기 마련이다. 어떤 일을 성공적으로 해냈을 때 아이가 느끼는 성취감과 내적 보상은 다른 사람의 칭찬보다 훨씬 강력하다. 이때 엄마가 아이의 기분에 관심을 갖고 물어봐 주면, 아이는 즐거운 감정을 더욱 마음껏 즐길 수 있다.

예를 들어 아이가 학예회에서 공연을 했다고 해보자. 아이 입장에서는 엄청 큰일을 해낸 것이다. 아이에게 정말 대단하다고 말해 줄 수도 있지만, 아이에게 직접 경험을 물어보는 것도 좋은 방법이다. 공연 준비를 할 때 어떤 기분이 들었는지, 공연 중에는 어떤 생각이 들었는지, 성공적으로 공연을 마친 기분이 어땠는지 말이다. 이렇게 엄마가 아이의 감정 세계에 보이는 관심은 칭찬보다 더 큰 도움이 된다. 관심을 통해 사랑받고 인정받고 있음을 느낄 수 있고, 자신의 경험을 엄마와 공유함으로써 당시 느꼈던 성공의 기쁨을 다시 만끽할 수 있기 때문이다. 그리고 이때 느꼈던 감정은 엄청난 동기 부여가 되어 줄 것이다.

훈육의 기준을 세울 때

"하지 마." "안 돼." "그만해."라는 말은 엄마가 아이에게 무심코 가장 자주 하는 말이다. 그런데 이 말들이 혹시 아이에게 부담을 주고 의욕을 빼앗아 가는 것은 아닌지 어떻게 알 수 있을까?

사실 확실하고 보편적인 답은 없다. 다만 아이의 발달 단계에 대한 충분한 이해와 지식은 훈육의 기준을 제시해 준다. 아이에 대해 공부해야 하는 이유이기도 하다. 단 부모의 상식에 의해 아이를 가르치는 것은 위험하다. 상식이란 문화와 시대의 산물인 만큼, 잘못되고 아이에게 맞지 않을 우려가 크다. 아이를 훈육하고자 하는 말을 할 때에는 부모의 기대치가 공정하고 현실적인지, 무엇보다 그 가르침이 정말로 필요한 것인지 확인해야 한다. 훈육의 기준을 세울 때 스스로 다음의 질문을 던져 보길 바란다.

부모의 상식에 의해 아이를 가르치는 것은 위험하다.
상식이란 문화와 시대의 산물인 만큼,
잘못되고 아이에게 맞지 않을 우려가 크다.
아이를 훈육하고자 하는 말을 할 때에는
부모의 기대치가 공정하고 현실적인지,
무엇보다 그 가르침이 정말로 필요한 것인지 확인해야 한다.

- 아이의 행동이 실제로 누군가에게 해를 입히거나 혹은 자신이나 타인을 다치게 할 위험이 있는가? 예를 들어 아이가 정신없이 뛰어다니거나 시끄럽게 소리를 지른다면 아이의 자연스러운 기쁨을 억제하기 전에 주변 사람들에게 방해가 되는지를 살펴본다.
- 어린 시절 부모님의 행동을 그대로 아이에게 하고 있는 것은 아닐까? 어린 시절 책에 낙서하면 혼이 났다고 해서 내 아이에게도 책에 낙서를 하지 않도록 교육해야 하는 걸까?
- 나의 훈육이 아이의 발달 단계에 적합한가? 아이가 나의 말을 이해하고 따를 수 있을까?

예를 들어 두 살짜리 아이에게 다른 아이와 장난감을 사이좋게 나눠 가지라고 말하지만, 사실 아이가 그 말을 잘 따를 거라고 생각하지 않는다. 또 친구에게 자신이 좋아하는 것을 선뜻 양보할 것이라고 기대하지 않는다. 이처럼 지속적으로 아이에게 다른 사람의 감정을 존중하고 배려해야 한다고 꾸준히 가르치겠지만, 여기에는 꽤 오랜 시간이 걸린다는 것을 이해한다면 무리한 교육으로 엄마나 아이가 힘들지 않을 수 있다.

집안의 규칙을 세울 때

모든 집에는 규칙이 필요하다. 규칙이 없으면 무정부 상태가 된다. 엄마는 '밥은 항상 제자리에서 먹는다, 남의 물건을 함부로 사용하지 않는다, 형제끼리 싸우지 않는다' 등의 규칙을 만들기 마련이다. 그러나 아이가 이 규칙을 잘 따를 것이라고 기대해서는 안 된다. 아이는 종종 규칙을 잊어버리고, 본능적으로 규칙을 거부한다. 때로 규칙들은 아이들에게 안정감을 주지만, 너무 많은 규칙들은 아이에게 반항심을 불러일으킨다.

아이들이 규칙을 위반하는 근본적인 이유는 자신과의 연관성을 느끼지 못해서이다. 아이들은 자신의 행동을 다른 사람이 어떻게 느끼는지에 더 관심을 가진다. 즉 규칙의 내용이 아닌 사람에 반응한다. 그러니 아이에게 규칙을 알려 줄 때는 '무엇'뿐만 아니라 '왜'와 '누구'도 알려 줘야 한다. 안 되는 일에 대해서는 아이에게 여러 차례 반복해서 "안 돼."라고 말하고 규칙을 알려 줘야겠지만, 이때 "엄마가 분명 공공장소에서 얌전히 행동해야 한다고 말했지."라고 규칙을 상기시키기보다 "네가 그 막대기를 휘두르고 다니다 누군가 다칠까 봐 엄마는 정말 걱정이 되는구나."라고 규칙의 이유와 부모의 현재 심정을 이야기해 주는 것이 훨씬 더 효과적이다. 규칙을 위반하면 어떤 결과가 생기고 규칙을 지키면 어떤 결과가 생기는지 설명해야 한다.

또 규칙을 정할 때 아이와 함께 상의하거나 미리 동의를 얻을수록 더욱 잘 받아들인다.

일관성이 중요하다는 전문가들에게

모든 양육서와 양육 관련 강좌에서 중요하게 가르치는 것이 있다. 바로 '일관성'이다. 아이를 키울 때 일관성만큼 중요한 것은 없다고 말한다. 물론 일관성을 강조하는 이유도 이해가 된다. 아이들이 혼란스러워할까 봐 걱정하는 것이다.

그러나 사람은 싫었던 것이 좋아지기도 하고, 하기 싫었던 것이 어느 날은 전혀 아무렇지 않게 느껴지기도 하는 등, 끊임없이 생각과 감정은 변하기 마련이다. 부부라고 하여 육아에 대한 의견이 항상 같은 것도 아니다. 아이와 함께 부모 역시 성장하면서 생각이 달라질 수도 있다. 보다 관점이 다양해지고, 훈육에 대한 생각도 바뀐다. 자신의 생각이 오늘날 현실에 맞지 않다고 판단될 수도 있다. 예를 들어 아이는 엄하게 키워야 한다는 생각을 버리고 앞으로는 아이를 자유롭게 키우자고 생각할 수도 있는 것이다.

아이라도 부모 역시 실수할 수 있으며, 이에 따라 달라질 수 있다는 것을 이해해야 한다. 물론 변화가 자주 반복되면 아이는 혼란스러워한다. 그러나 부모는 이를 당연하게 받아들여야 한다. 중요한 것은 왜 규칙을 바꾸었는지 아이에게 분명하게 설명하는 것이다. 일관성에 너무 집착하면 생각을 개선시키거나 아이의 요구를 반영하지 못하게 된다. 현실을 반영하지 않은 일관성은 오히려 힘이 약하다.

아이들이 규칙을 위반하는 근본적인 이유는
자신과의 연관성을 느끼지 못해서이다.
아이들은 자신의 행동을 다른 사람이 어떻게 느끼는지에
더 관심을 가진다.
즉 규칙의 내용이 아닌 사람에 반응한다.

잘못을 어떻게 일깨워 줘야 할까?

아이는 크고 작은 말썽과 사고를 저지르며 하루하루 성장한다. 온 집안을 뛰어다니며 놀다 물건을 깨뜨리기도 하고, 동생과 싸우다 상처를 입히기도 한다. 이때 부모는 아이의 잘못과 상관없는 방법으로 그 책임을 묻곤 한다. 바로 이런 방법들이다.

타임아웃

가장 많이 알려진 방법이다. 아이를 일정 시간 동안 강제적으로 혼자 있게 하는 것은 큰 고통을 안겨 줄 수 있다. 아이가 형제나 친구와 심한 싸움을 벌여 물리적으로 떨어뜨려 놔야만 하는 상황이 아니라면, 혹은 아이가 혼자 있고 싶어하는 상황이 아니라면 타임아웃을 지시하기 전 한 번 더 생각해 봐야 한다. 우선 아이의 잘못과 강제적인 고립이 과연 무슨 관계가 있는지부터 자문해 봐라.

간식 금지

이 역시 엄마들이 흔히 사용하는 방법이다. 아이가 평소 간식을 너무 많이 먹어서 문제라면 이해하지만, 그렇지 않을 경우 아이에게 간식을 금지하는 것과 아이의 잘못에 무슨 연관성이 있는지 생각해 봐야 한다. 이를 통해 무엇을 가르쳐 줄 수 있는지 말이다.

생각하는 의자

인도적인 방법이라고 생각하여 많은 엄마가 이 방법을 애용한다. 그러나 아이는 자신이 왜 이 의자에 꼼짝 않고 앉아 있어야 하는지, 내가 한 잘못과 무슨 상관이 있는지 궁금해할 것이다.

위의 방법들은 모두 아이에게 잘못했다고 말해 주기는 하지만, 무엇에 대해서 잘못했는지는 가르쳐 주지 않는다. 또 자신이 한 행동에 대해 책임을 지는 방법을 알려 주지 못한다.

나는 운전 면허를 막 땄을 때 신 나는 마음에 아버지의 차를 빌려 친구들과 놀러 다니곤 했다. 친구들은 차 뒷좌석에 앉아 담배를 피웠다. 창문을 활짝 열어 놓으면 담배 냄새가 배지 않을 것이고 아버지도 모를 거라고만 생각했다.

어느 날 아침 아버지가 자동차 뒷좌석에서 담뱃불에 탄 자국을 발견했다. 아버지는 이에 대해 비난하지는 않았지만, 얼마나 나에게 화가 났고 실망했는지를 굳이 감추지도 않았다. 나는 벌을 받지는 않았지만, 자연스럽게 무엇을 해야 하는지 알 수 있었다.

나와 친구들은 돈을 모아 자동차를 수리했다. 많은 비용이 들었지만, 이 일을 통해 내가 저지른 행동에 책임지는 자세에 대해 깨달을 수 있었다. 당시의 경험은 내게 큰 교훈을 주었다. 다른 사람과 다른 사람의 물건을 보다 존중하게 되었다. 만약 아버지에게 벌을 받았다면, 수치심과 분노만 느꼈을 것이다.

부모는 아이가 어릴지라도 나이에 맞게 책임을 지는 방법을 가르쳐 줘야 한다. 그러기 위해서는 잘못된 행동과 직접 연관된 방법으로 책임을 물어야 한다.

예를 들어 아이의 숙제를 도와주는데, 아이가 하기 싫어하며 엄마가 대신 해주기를 바란다. 아이에게 이것은 엄마의 숙제가 아니며 네가 어려워해서 도와주는 것인데, 태도가 바뀌지 않으면 도와주지 않겠다고 경고한다. 그런데 이후에도 아이가 계속 툴툴거리면 경고한 대로 숙제를 도와주지 않는 것이다.

물론 이렇게 행동하는 이유에 대해서도 충분한 공감이 바탕이 되어야 한다. 아이를 안고 무슨 일인지 물어보는 것이 먼저이다. 그리고 누구나 충분히 납득할 만하고 객관적인 책임을 아이에게 지게 하고 있는 것인지 살펴야 한다. 부모의 의도가 처벌에 있다면 말투에 묻어나기 마련이고, 아이도 교육을 받는 게 아니라 벌을 받는다고 느낄 것이다.

chapter 7

부모도 양육이 필요하다

엄마가 된다는 것은 배움의 여정에 들어가는 것이다.
그리고 그 여정에는 부부만 있는 것이 아니다.

양육은 현재 진행형인 성장 여행이다

아이들의 잘못된 행동들은 대부분 두려움이나 상처에서 비롯된다. 이 말은 아이의 잘못된 행동들을 모두 이해하고 덮어 주어야 한다는 뜻이 아니다. 아이가 잘못된 행동을 했을 때, 먼저 아이의 말에 귀를 기울여 주고자 노력해야 한다는 의미이다. 아이의 행동이나 태도를 보는 것이 아니라 무엇이 아이에게 이런 행동을 하도록 만들었는지를 면밀히 관찰하고, 아이의 눈으로 세상을, 부모인 나 자신을 바라보려고 노력해야 한다는 것이다. 그러면 자연히 문제의 원인을 깨달을 수 있다. 밥을 먹는 도중 아이가 밥그릇을 엎은 이유가 배가 아파 밥이 먹기 싫은데 억지로 먹여서였다거나, 장난감 정리를 시켰더니 소리를 질러 댄 이유가 더 놀고 싶어서였다는 사실을 알게 되는 것이다. 또 아이에게는 너무 당연한 행동임에도 그 행동이 엄마의 어린 시절 안 좋은 감정 기억을 불러일으켜서 문제로 이어졌다는 사실을 발견하게 되기도 한다.

엄마가 아이와 함께 배우고 성장한다는 자세로 양육에 임할 때 좋은 결과를 맺을 수 있다. 엄마가 된다는 것은 사랑의 학교에 다니는 것과 같다. 이때 우리를 가르치는 스승은 바로 아이들이다. 이 학교에서는 성적을 매겨 좋은 엄마, 나쁜 엄마 가르지 않는다. 그저 우리 모두가 배우고 성장하고 있음을 인정하면 된다. 우리는 서로 배우고 가르치며 어려움과 기쁨을 공유한다. 양육이란 계속 배우고 성장해 나가야 하는 현재 진행형 여정이다.

여정에는 부부만 있어서는 안 된다

오늘날 홍수처럼 쏟아지는 양육서들을 읽다가 문득 이런 생각이 떠올랐다. 왜 책 속에는 단 두 사람만 언급되는가? 부모와 아이. 심지어 엄마만 등장하는 경우가 대부분이다. 다른 가족들은 어디로 갔을까? 나 역시 이 책에서 엄마를 많이 언급하긴 하였지만 말이다.

부모가 행복하고 주변으로부터 지지와 사랑을 충만하게 받고 있을 때 아이를 보는 시각과 육아 스트레스에 대처하는 자세는 매우 다르다. 힘들 때는 아이가 마냥 말썽꾸러기처럼 보이고 자신을 괴롭히러 온 것만 같다. 그러나 기분이 좋을 때는 아이가 온 집안을 난장판으로 만들며 노는 모습조차 씩씩하고 기특해 보인다. 즉 양육에 대한 만족감과 즐거움은 부모가 주변으로부터 얼마나 도움과 위로를 받고 있느냐에 따라 완전히 달라진다.

부모가 피곤하고 지쳐 있을 때에는 누군가 대신해서 아이와 놀아 주고 일을 돌봐 줄 사람이 필요하다. 잠깐 눈을 붙이는 사이 대신 아이를 안아 줄 사람이 있어야 한다. 그렇게 재충전을 해야 다시 마음도 열린다.

이런 이야기를 하면 누가 그걸 몰라서 안 하는 거냐며 반문당하곤 한다. 사실 우리는 하루하루 바쁘게 살고 있고, 저마다 해결해야 할 삶의 문제를 끌어안고 있으며, 가족 역시 항상 도와줄 수 있는 것도 아니다. 부모들은 당연히 받아야 할 도움과 지지를 받지 못해 더욱 지치고 화가 나고 우울할 뿐이다.

오늘날 부모들은 어느 시대보다 많은 시간을 일로 보내고 어느 때보다 경제적인 풍요를 누리고 있다. 하지만 온 가족이 저녁 식사를 하며 대화의 꽃을 피우는 가족이 얼마나 될까? 텔레비전 앞이 아니라 식탁에 둘러앉아서 말이다. 아이와 대화를 나누고 아이의 이야기를 들으며 보내는 시간은 얼마나 될까?

생산성을 중시하는 시대적 분위기가 가족 구성원 사이의 분열을 조장한다면 이는 필요 때문이 아니라 선택 때문이다. 겉으로는 경제적 풍요를 누리는 것처럼 보이지만 관계에서는 가난하기 짝이 없다.

이제 가족을 되찾을 때이다. 보육 시설과 교육 기관은 결코 엄마와 아빠를 대신해 주지 않는다. 아무리 고품질 서비스를 제공한다고 해도 부모의 사랑에 근접하지 못한다. 아이에 관해서는 누구도 부모처럼 해줄 수 없다. 부모는 아이의 영웅이고 모든 영웅은 팀이 필요하다.

이를 위해 서로 육아를 도와줄 수 있는 모임을 만들 것을 권하고 싶다. 최근에는 공동육아 집단이 만들어지는 등 이러한 움직임이 일어나고 있지만 여전히 일부의 이야기일 뿐이다. 그래서 이 이야기에 앞서 부모가 스스로 감정을 해소할 수 있는 방법에 대해서 먼저 이야기해 보고자 한다.

아이를 키우다 보면 대로 화가 난다. 잠이 부족해 미칠 것 같고, 툭하면 싸워 대고 떼를 쓰는 아이 탓에, 매일 아침 치러야 하는 등원 전쟁 때문에 화가 폭발할 것만 같다. 마치 인내심 테스트라도 받는 듯한 기분이다. 기분을 가라앉히기 위해 아무리 애를 써보지만, 언젠가 둑이 무너지듯 감정이 터져 나와 아이에게 쏟아질까 봐 겁이 난다.

따라서 부모에게는 신체 건강과 감정의 균형을 위해 분노를 안전하게 배출할 방법이 있어야 한다. 화를 내도 괜찮다. 화를 부끄러워할 이유는 전혀 없다. 그러나 아이를 향해 좌절감을 적대적으로 표출하면 안 된다. 달리기나 산책을 하거나, 그럴 시간조차 없을 때는 베개를 두드려라. 부정적인 감정은 육체적 활동을 동반할 때 가장 쉽게 해소된다.

우리는 마치 아름다운 장면을 보고도, 삶의 즐거움을 느끼고도 대수롭지 않게 생각하는 경향이 있다. 행복과 즐거움을 먼 곳에서, 거창한 것에서 바라는 것이다. 이제부터라도 우리의 일상에서 찾아보자. 아이가 매일 안겨 주는 기쁨들을 하나씩 발견하고, 이를 가슴에 새겨 두자. 이러한 삶의 자세가 육아의 고단함과 고통을 조금은 덜어 줄 것이다.

함께하는 양육, 어떻게 할 수 있을까?

행복하게 아이를 키우기 위해서는 도움과 지지가 필요하다. 한 아이를 키우기 위해서는 온 마을이 필요한 것이다. 이런 생각에 동의하는 사람들이 늘어나면서 요즘 공동육아 유치원이나 공동체가 조금씩 만들어지고 있지만, 아직까지는 대중적이지 않고 쉽게 접할 수 있지도 않다.

그렇다면 직접 만들어 보는 건 어떨까? 물론 쉬운 일이 아니다. 같은 필요를 느낀 부모를 모으기도 쉽지 않은 일지만, 모인 구성원들이 자신과 잘 맞는지, 같은 가치관을 가지고 있을지 확인할 방법이 없어 막막하기도 하다. 사람은 저마다 생각이 다르기 때문에 같은 가치관을 가진 사람만으로 구성하기에는 한계가 있다. 그러므로 직접 공동육아 모임을 만들고자 한다면, 핵심적인 가치관을 공유하고 서로 즐겁게 만나며 구성원 각자가 성장할 수 있는 그런 집단을 목표로 하는 것이 좋다.

- 추천하고 싶은 핵심 원칙
  - 아이의 요구에 최선을 다해 응한다.
  - 아이는 자신의 생각과 감정을 자유롭게 표현하고 놀 수 있어야 한다.
  - 어떠한 잘못에도 아이에게 수치심을 주거나 죄책감을 심어 줘서는 안 된다.
  - 원래부터 나쁘거나 못된 아이는 없다.

아이의 잘못된 행동은 이해받지 못한, 알아주지 않은 감정들이 원인인 경우가 대부분이다. 부모가 감정 이입을 통해 귀를 기울이고 아이의 마음을 이해해 주기 시작하면 문제는 자동적으로 해결된다.

- 아이는 부모가 책임져야 할 짐이 아니다.
- 아이는 존중받아 마땅하다.
- 나쁜 부모는 없다. 다만 지지가 더 많이 필요한 상처받은 부모가 있을 뿐이다.

이런 원칙을 바탕으로 모임 구성원끼리 가치관을 추가할 수도 있다. 원칙을 세우는 것은 원활한 모임 유지를 위해 대단히 중요하다. 하지만 양육 원칙을 지키지 못한다고 해서 자신은 물론 구성원을 비판해서는 안 된다. 우리는 모두 한계를 지닌 존재이다. 중요한 것은 서로의 한계를 존중하면서 배운다는 자세로 임하는 것이다. 물론 너무 맞지 않는데도

참으라는 소리는 아니다. 너무 원칙을 내세우는 것은 좋지 않다는 의미이다. 그렇다면 공동육아는 어떻게 활용할 수 있을까?

- 서로 실천적인 도움을 줘라. 요리, 청소, 쇼핑을 거들어 줄 수 있다.
- 아이에게 친구들을 만들어 줄 수 있다.
- 함께 아기 마사지를 배워라. 서로 안마를 해줘도 좋다.
- 아이 옷과 장난감, 책을 교환해라.
- 서로 양육 정보를 나눌 수 있다. 이때 조언을 하게 될 경우, 비판이 되지 않도록 유의해야 한다.
- 서로 어린 시절의 기억을 공유함으로써 치유의 시간을 가질 수 있다. 기쁨과 슬픔과 좌절감 등의 감정을 진심을 다해 나눈다.
- 아이를 위한 만든 모임이지만, 어른들을 위한 모임으로도 활용할 수 있다. 함께 공연이나 전시회를 보러 가거나 소풍, 캠핑을 갈 수 있다.
- 부부만을 위한 시간을 만들 수 있다. 서로 아이를 부탁함으로써 부부만의 시간을 만들 수 있다.

0-7세 감정육아의 재발견

초 판 1쇄 인쇄 2015년 1월 30일
초 판 4쇄 발행 2018년 2월 20일

지은이 로빈 그릴 **옮긴이** 이주혜
펴낸이 김종길 **펴낸곳** 글담출판사

책임편집 이경숙
편집 박성연·이은지·이경숙·김진희·임경단·김보라·안아람 | **디자인** 정현주·박경은·손지원
마케팅 박용철·임우열 | **홍보** 윤수연 | **관리** 박은영

출판등록 1998년 12월 30일 제7-186호
주소 (121-840)서울시 마포구 양화로 12길 8-6(서교동) 대륭빌딩 4층
전화 (02)998-7030 | **팩스** (02)998-7924
이메일 bookmaster@geuldam.com
블로그 http://blog.naver.com/geuldam4u
페이스북 http://www.facebook.com/geuldam4u

ISBN 978-89-92814-94-2 13370

책값은 표지에 있습니다.
잘못된 책은 바꿔드립니다.

이 도서의 국립중앙도서관 출판예정도서목록(CIP)은 서지정보유통지원시스템 홈페이지(http://seoji.nl.go.kr)와 국가자료공동목록시스템(http://www.nl.go.kr/kolisnet)에서 이용하실 수 있습니다. (CIP제어번호: CIP2015001410)

이 책은 글담출판사가 저작권자와의 계약에 따라 발행한 것이므로 이 책 내용의 일부 또는 전부를 사용하려면 반드시 글담출판사의 동의를 받아야 합니다.

글담출판에서는 참신한 발상, 따뜻한 시선을 가진 원고를 기다리고 있습니다. 원고는 글담출판 블로그와 이메일을 이용해 보내주세요. 여러분의 소중한 경험과 지식을 나누세요.

블로그 http://blog.naver.com/geuldam4u **이메일** geuldam4u@naver.com